藝術與自然的融合

—— 當代詩文評論集

林 明 理 著

現代文學研究叢刊

文史哲出版社印行

國家圖書館出版品預行編目資料

藝術與自然的融合：當代詩文評論集 / 林明
理著.--初版--臺北市：文史哲，民 100.05
面： 公分. --（現代文學研究叢刊;40）
ISBN 978-957-549-966-2（平裝）

1.文藝評論 2.文集

812.07   100007822

現代文學研究叢刊　　40

藝術與自然的融合
當代詩文評論集

著　　者：林　　　明　　　理
出 版 者：文　史　哲　出　版　社
　　　　　http://www.lapen.com.tw
　　　　　e-mail:lapen@ms74.hinet.net
登記證字號：行政院新聞局版臺業字五三三七號
發 行 人：彭　　　正　　　雄
發 行 所：文　史　哲　出　版　社
印 刷 者：文　史　哲　出　版　社
　　　　　臺北市羅斯福路一段七十二巷四號
　　　　　郵政劃撥帳號：一六一八〇一七五
　　　　　電話886-2-23511028・傳真886-2-23965656

實價新臺幣三六〇元

中華民國一百年（2011）五月初版

辛勤耕耘

丰硕收获

祝贺林明理诗歌集面世

山东大学文学院吴开晋

庚寅冬日

耿建華教授攝於延安學院 2006 年 10 月

林明理《藝術與自然的融合 —— 當代詩文評論集》序

前山東大學文學院副院長耿建華教授

　　林明理是臺灣著名詩人、畫家、藝術評論家。《藝術與自然的融合 —— 當代詩文評論集》是她的第二部文學藝術評論集。這個集子收入了對詩歌、散文、繪畫等評論 35 篇，顯示出她對文學以及各種藝術的關注和學養，也表現出她對藝術美的敏感發現力。作為詩人和畫家，林明理能夠敏銳捕捉自然和人生之美：作為評論家她也能敏銳地發現並剖析文學藝術作品的美。

　　她在審視文學和藝術作品時尤其注意藝術與自然的融合。她認為自然是詩人和藝術家創作的源泉，她也把自然看作是對詩人靈感的啓悟。正如她在分析龔華詩歌《修》時所說："龔華對自然界特殊的感性及其抱負是非常可貴的，同時也傳遞出她的禪思和自然的藝術"。她說綠蒂的《山寺夜雨》·是"向山水問情"，楊允達的《樹的禮贊》是"對大自然保護的追求"，商禽以油桐花"具有客家鄉土的花朵，來反映土地與我們的親密關係"，徐世澤"與大自然近乎合而

為一", 吳開晉 "以詩描繪了一個自然清新、優美深邃、和諧統一的藝術世界"。

　　林明理評論的另一特色是感性體悟和理性剖析相結合。感性體悟使她看到具體詩歌和藝術作品之美, 理性剖析使她能對詩人和藝術家的創作進行理論上的思考和梳理。具體到評論中那就是作品的細讀和總體的概括。這樣既能使讀者對評論作品有具體作品的欣賞, 又能在宏觀上把握作者的創作特色。比如她先用 "高曠清逸" 概括出張默清逸爽朗具有音樂性的詩風, 又分別引用並細緻分析《內湖之晨》、《澎湖風櫃》、《破鞋》中的詩句, 使讀者具體感受張默的詩風特色。她評論商禽的詩有 "最純真的超現實想像": "細讀此書, 有一種 '純粹形式' 美的共同感覺力, 會慢慢地沉澱在心底。" 接著舉了《更深的海洋》為例, 認為 "商禽對自然的觀察, 是經由對思鄉整體記憶的喚醒中, 化為多層次的表現形式。深化了 '超現實' 風格。" "大千世界的自然情景, 經由詩人的藝術心靈的改造, 呈現了一種同情共感的 '美', 卻也引起了詩人望海時的記憶與對浮沉人生的不勝唏噓。"

　　林明理文學評論的語言也很有特色, 由於她是詩人和畫家, 因此她就能把詩歌、散文、雕塑的藝術意境用藝術的語言變現出來, 使讀者具體感受到作品之美。這與一般批評家只靠邏輯語言和理論術語的批評就更加容易為讀者接受。比如她在評析張默《澎湖風櫃》時這樣寫道:

> 詩人選用了近似輕音的節奏和 "一簇簇"、"一縷縷" 的譬喻詞, 使人感覺到了那是像玻璃般的碧海延

擴到極盡處的低空之上，浪花拍擊雲朵，而驚歎海之偉大；然後又以孕育清風的涼透舒暢襯托，更添詩情。意在抒發詩人憶及過往的光景，對一個 18 歲就離開故鄉與母親的張默來說，思親情懷一直是詩人常見的詩情：而此詩緬懷大海的情緒也一層層、一片片的漾開了來。

這樣就把這首詩的意境和情感都揭示出來了。再如她這樣評論非馬的畫作《醉漢》：

《醉漢》構圖簡約俐落，視覺傾向於空濛雅致的現代主義色彩。靜態的月影與詩人永不停息的生命動力達成了某種契合：從畫中的原型情境不難看出非馬的情感體驗，能強烈地喚起詩人的精神故園。其真正有力量的是隱藏在詩人心靈深處的審美知覺，將對祖國鄉愁與彷徨，結為記憶，形成具有雙層意蘊的象徵。這樣造成的孤寂，富於無以倫比的悲愁，也能給人一種江流浩渺、空曠中的恬靜的感覺。

林明理的藝術視野很開闊。她不但關注詩人。散文家，還關注繪畫、雕塑、文物、園林、翻譯等。對於詩人她也排除門派之見。對於現代派和鄉土派一視同仁。這種胸懷對詩人和評論家都是可貴的。

　　林明理的新著即將問世，應約寫下這篇文字為序。

藝術與自然的融合

—— 當代詩文評論集

目　　次

龔華與詩藝美學的沉思

摘要：龔華的詩藝呈現一種靈性的觸覺，彷彿獨耀的星辰，特別具有深度的內涵；本文對其生命的掙扎力、詩的真境和愛的追求作了探索。

關鍵詞：詩思，藝術，浪漫主義

一、其人其詩

龔華，生於臺南新營，畢業於輔大，爲《創世紀》同仁，現任《乾坤》社長，中國文藝協會監事，中華民國乳癌病友協會理事等，著有詩集《花戀》，《龔華短詩選》，《玫瑰如是說》、《夢與光束》。獲詩運獎、詩歌藝術創作獎等獎項。

龔華的詩本質上是抒情的，浪漫中又隱蔽一種寧謐平和如原始的力量，亦如遠遠的一道曙光，帶給讀者一個永遠的希望；詩思高潔、真樸與內心世界的情愫和感覺的素描，也能滿足讀者對其堅貞與適切的期盼。她在《玫瑰如是說》自序寫道：「唯有文學創作的痕跡刻劃得如此深刻，一如手術后雋永的紋身那般。」詩人表現生命的豐繁及韌度，成讀者心中不褪的懷念；其筆尖不是觀看世界中的一個點，而是直

視生命的本質，而後將其親自體驗之真誠展示與人構築起高
度的想像境界。

二、獨立於真與美的價值

　　詩的深度源於詩人對生活的深刻的體認，縱然龔華曾身
受癌症如許磨難，但她心裡仍充滿著不滅的信念，最後藉詩
文寫出龔華的希望，寫出其內在情意的真切表現；病癒後，
更是投入對癌症病患的關注與奉獻，遂而建立起她自己的青
春的感覺世界。〈燈影〉這首詩中生動、滿載著詩人於繁華
落盡的寂寞，透過典雅的光影，看詩人如何穿越自己的苦難，
尋求心靈的自由與精神的解放：

　　　褪去喧囂

　　　黑夜在燈下的影子裡

　　　一遍遍訴說白日的寂寞

　　詩句是多麼地精鍊而又細膩！情感表達逐漸自燈影的搖
晃中向外擴張，像是實現了許多詩人內心深處的想望。那是
一種孤寂的迴盪，非常深切有力，而且絕對真實；詩人彷彿
一顆獨耀的星辰，在眼前半隱半現…除了窗外夜風吹拂的小
徑上些許蟲鳴，龔華的思維也觸碰到自己最深層的心理狀
態；也讓讀者瞭解到，詩人也希望在黑暗中，能夠聽到令自
己為之鼓舞的話語；原來詩人對愛情的期盼，是如此的純淨、
堅持，如深情的虹，凝聚成許多一瞬間的閃動。

　　〈珍珠〉這首詩，是詩人的化身，在生命的磨難後，可
感受到詩人的堅定意志，卻又縈繞心頭的那雙深邃清澈的眼
神，似乎在暗喻關心世間的可憐人：

　　和著堅貞的靈魂與海洋的淚水

　　在磨難中成長的

　　妳的名字叫珍珠

　　透過本詩，讀者可以認識到龔華如何將〈珍珠〉的主題和形而上的比喻，揉合到詩句裡，並見識到詩人勇於活下去的冀圖，面對磨難來臨，我們仍然要活著，仍然需飛翔。愛，將永遠繼續下去，它牽著詩人的期許，所有的故事，也正在盪氣迴腸……而我不由自主地感同身受，凝結的天容也撼動。

　　〈夏蟬〉這首詩由蟬聲而起，有意藉此表達詩人最珍愛的童年，而希望所曾期待的一切都能融入回憶裡，特別是在夏季：

　　妳總是在這時回來

　　將童年的紋理

　　融化成季節的聲音

　　護貝在透明如夏紗的翅膀裡

　　隨著詩句的展開，從回憶過往當中，可以看到童年的喜悅是瀰漫於鄉里之間，呈現一幅和諧的幸福畫面，也點出光陰苦短，詩中歡樂的奇想、浪漫的天真也深植我們心中，就像上臨且無聲的星子隱入雲影的背後，銀霧牽著一彎新月漫步山坡般；我思量著我所聯想出的所有這番想像，試圖理解龔華如何運用精心設計的詩節，來打造童年的想像空間，並鼓勵讀者要品嘗生命的歡愉。

　　〈修〉一詩中，可看出龔華在美學方面的成就在於她塑造了浪漫派詩人創作時的清遠心靈，是極富哲思的難得小詩：

　　願作青山躺臥千年

> 只為醒來時
>
> 也無需知道自己的名字

　　就如主題所暗示的，顯示出龔華意圖抓住稍縱即逝的時光，把被比作青山的自我魂靈留下，以知性聯結兩個不同時空的努力；我認為，龔華對自然界特殊的感性及其抱負是非常可貴的，同時也傳遞出她的禪思和自然的藝術。

三、提供獨特的情感體驗

　　英國浪漫主義的文學批評家華茲華斯說：「詩是情感的自然流露。」最讓我讚嘆的，莫過於龔華的詩心澄淨，當她在談及因病痛所生的希翼時，筆桿揮灑出藝術的神奇魔力，往往溫暖了許多讀者的心，其詩句簡短又純真，卻可以感受到詩人對刻劃人生的獨特的情感體驗；往往無意間就創造出美的樂音，從而激起讀者深刻的共鳴，她在詩中企圖喚起我們對人生的正面思考，目的不在於建構一套知識或哲學，而是為了給社會上苦痛的人多一分悲憫；無論何時何地，她都能堅持自我一分古老的愛，也為生活的藝術，提供讀者一個沉思的空間。

　　　　　　　　　　　── 寫於 2010.1.31 夜

　　　　　　── 刊登江蘇省社會科學院主辦季刊《世界華

　　　　　　文文學論壇》2010 年第 3 期，總第 72 期，頁

　　　　　　45-46。

湖山高秋
── 讀丁文智《花也不全然開在春季》

　　去年十二月十八日，參加臺灣新詩學會理事長愚溪主辦的花蓮詩歌朗誦會時，遊覽車上，意外收到了丁文智新詩集《花 也不全然開在春季》，很驚訝於八十歲的他依然以語言的機智與巧妙的觀察，從而開拓出雄闊的藝術境界。他是位豪邁豁達又含有豐富的思想的人；不僅體現了對創造詩美的追求、特別是對親情、友情、世間的事物都能從平凡中寫出不平凡，常能帶給讀者特有的審美體驗。

　　讀丁文智的詩，就像似拂面的微風，喚起愉悅的心靈；既不拘泥於通俗或諷刺的格局，也有某種影響力，讓人重新感知這個瞬息萬變的世界。很顯然地，詩人已成功地以深摯的情感及生動的靈感來源，向讀者揭示在他心中的愛。

　　打開詩集的第八首〈芒〉，詩人借助暗示、象徵等手法，增添了詩的哲理色彩：

　　　　一路趕來的季候風

　　　　只為扶正

　　　　以芒花為幡的這場祭典

　　　　進而　　招

　　　　魄散於山野的那片十一月的魂

　　鳥也趕過來啁啾

　　牠們以咯血之聲

　　在為提早淪喪的季節悲鳴

　　而我卻站在時間稜線上以冷眼觀看

　　老了的秋　是怎樣在日暮途窮中

　　一點一滴

　　融進了未雪而雪的那片芒茫之白後

　　我不禁自問

　　現在該感傷的是彤雲

　　還是蕭條了的山色

　　〈芒〉一開始以一路趕來的風，似乎有意動盪滯留的時空，卻使野地裡的芒花顯得更為蒼茫；似想告訴人們許多多的故事。雪白的芒，本有凋零的時候，它正訴說著無數刻骨銘心的回憶，而昭示出詩人對喪失生命的一切生物的惋惜。

　　我們不免感傷，然而，這裡芒花充滿著強烈的求生慾望，也抒發了對大地赤誠的愛，讓人們深深感懷，它在瞬間體現了自己存在的價值，也是詩人對那些沉鬱的亡魂一種精神上的悲憫之情；因為詩人知道，藉白芒花從中粹取出生命的本質，再將為愛泣血的杜鵑，重新呈現出來一種信念，才能保持芒花的孤高，可以感受到一股渴望新生的潛在意志。

　　正因詩人也是個客觀敏銳地觀察生命的人，回首流逝的歲月，詩人似乎悟到了什麼；而這芒花或許意味著苦難的過去，慷慨悲歌後，又豪情地迎著風，斜刺朝陽……讀者的心，也為詩人以情折射生命感悟的這種情愫而深深感動。

　　詩人早年就分外地熱愛於文學創作，晚年返樸歸真，詩

藝越顯精湛。雖然也曾遭逢摔飛機重傷之痛、老友驟逝之苦，仍勇於超越自我；我可以感受到詩人的正直不阿，他常寄情於大自然，詩風恬淡靜謐，彷彿沉潛的湖山，恰好是詩人心境的投射。接著，這首〈自主〉是清新雋永、頗有力度的詩作：

雨　　落不落

得看

雲的臉色

風　　總是懶懶地

跟著方向走

而他

雙手一揚

決心要把自己似時針

走出鐘面刻度　　以及

城市中那些變調中的人性泥濘

然後

大口大口去呼吸

鄉野間

那些不帶油膩味的草香

甚至更以超靜的心思貼近

那處處

無視世間紛亂的

炊煙之正直

　　面對這嘈雜紛亂的世間，自主就是詩人心靈上寬廣的渠道；整首詩極富動態的美，有禪道韻味。詩人認為與其在困

惑與孤獨之中，不如雙手一揚，尋求精神解脫；而「自主」的人生，以醜惡現實及炊煙的正直形象作爲對比，讓人思索。

　　詩人對大自然的愛與做事不浮誇是他的生活態度，雖然，人的命運，有人主張隨波逐流、有人認爲樂天知命；但詩人堅持，要追求真善美，其豪放爽朗的神態躍然紙上。詩人決定跟著自己的感覺走，走出自我，必須洗掉那些僞善虛榮的想法；不受世俗紛紜所牽絆，而選擇懷抱著自己的信念、探尋自己的理想國，也取得了可喜的成績。

　　最後詩人冀望自我靈魂能貼近瑩淨、不染塵煙。他大膽地提出了「自主」說，這一觀念，也使人體味到詩中獨特的內蘊。以上這兩首詩是詩人經過回憶、沉思，再度體驗生命的情感；只要細細品讀，就能引發人們的感情共鳴。最後僅以一首詩〈秋盡〉，贈予丁文智這位長青的前輩：

　　　〈秋盡〉
　　　　漁帆波逐去，
　　　　暮靄襲田翁。
　　　　漫道生涯苦，
　　　　何曾識快風。

—— 2010.2.3 作

—— 刊登臺灣 "國家圖書館" 《全國新書資訊月刊》，第 135 期，2010.03，頁 24-25。

夢幻詩境的行者

── 淺釋《綠蒂詩選》詩二首

　　綠蒂一生的成就十分豐富，詩作旅程長達五十餘年，除了致力於推展兩岸藝術文化交流外，也積極協辦聯展及國際詩人互訪等活動，藉以互映生輝。他出生於臺灣省雲林縣小鄉村，15 歲就已展現了寫詩的才氣，或許就是這麼一份堅持，自始至終他都保持著自己細膩的觀察力及真摯的感覺，常以抒情的筆調，去創造生動的意象，確實有一種崇高的美。

　　綠蒂也是富有藝術個性的浪漫詩人，於 1994 年擔任世界詩人大會會長，獲香港廣大學院文學博士，目前是中國文藝協會祕書長等名銜。《綠蒂詩選》是本相當有韻味的詩集，詩人以超脫的意象，寫出了這首別有風韻的〈山寺夜雨〉，試圖向讀者呈現其內造世界的脈絡：

千百隻飛蛾撲光的演出

是驟雨預告的精彩片段

夜雨瀟瀟

織就成一張細密而溫潤的網

籠罩了寺院山色的新綠

與期待星垂海景的落差

淅瀝伴隨經誦

沿階而下
塵事迤邐如雨
石面淨澄如鏡

五色鳥會不會搭乘最晚的班機
來叩訪今夜泊宿的窗口
暗夜裡的鳳凰木
是否誇張地染紅了山門的一隅
光照中透如燈籠的彩繪
是脫殼的蟬翼
還是禪定的化身
匆匆掠過屋簷的
是鳥還是蝙蝠
均已非關山居歲月的議題

只因飛翔與飄泊　均已濕漉
濕漉成一種美麗而堅持的沉迷

　　字句是那麼地清新畫意！具有優雅、高潔的視覺意象。綠蒂喜歡旅遊，受自然奇景與視野開闊之影響，對山寺的描寫，既樸實又傳神。詩裡塑造出一種單純的禪思，畫面背後蘊藏著詩人濃厚的人文氣息。綠蒂向山水問情，其情感的力量隨著心境的更迭轉化，從而傳達出空間的靜謐美感，促使讀者的精神達到平和、沉隱的效果。這樣的詩句，從而引發了讀者的情感共鳴，不容輕忽詩人的用心所在。

　　詩人先是沿階而下，那誦經聲的迴響，烘托出一種出塵

的古寺氣氛。周遭是一種天地迷濛的色面，翠峰的暈光泛起。夜裡，空氣靜寂，綠意把喧囂繁忙的凡塵給淨化了。石面如鏡，水漾輕波，別具一番幽趣。詩人孑然佇立於蒼茫中，透過五色鳥是否翩然到來，詩意得不可言喻。而鳳凰木掩映於青谿之間，在這怡人的初夏季節，是否在光照中妝成燈籠的薄媚？或禪定的矜嚴？無可比擬，彷彿萬一。這裡，詩人的感情和景象已交融在一起，連遠處匆匆掠過的鳥聲或是蝙蝠，都有了生趣，不知要加添多少讀者的深刻味。

　　在綠蒂蘊含哲思的理念裡，其實潛藏的是一顆善體人意溫柔的心。他的詩常浸潤著佛教傳統的中和精神，如同此詩最後一段，直接說出了自己人生的體悟。這山居夜雨，充滿了凝靜、超逸與莊嚴。全詩賦予清麗多姿的風格，卻又始終保持藝術的高致表現。詩人暗喻自己一如漂泊的倦鳥，在山寺中終於尋回心靈的平靜，也讓讀者了悟詩人內在的真誠性，是值得雅俗共賞的詩作。

　　另一首〈風箏〉，不但道出了詩人赤裸的胸懷，也概括出抒情詩作的藝術特色：「迎風的翅膀／乘載想像的意念／組合多元的形狀／放雲／在天空幻變的拼圖盤上／／記憶是青稚童年的風向／情懷是遠隔山海的迷蹤／掌中收放的／是最簡單的憂傷與快樂／左手隨緣自在／右手刻意探索／遠去的　是風／而非我放牧的飛天蜈蚣／／原來天空之城未設路標／未設紅綠燈的管制／飛箏風雨無阻／悠遊恣意／在神秘而幽雅的白雲部落」。這是用意象的組合的剪接，用以表現詩人的緬懷心境。其中還運用了意象的對比，如以左手隨緣自在和右手刻意探索作比，從而表達了詩人擁有一顆沉靜

清明的心靈。詩句節奏鮮明，境界開闊；既有澎湃的渴望自由的激情，又有絢麗多姿的藝術形象。此詩抒情氣氛濃郁，且多了對現實人生的思考與辨析，哲理色彩增強。這裡有兩種含義：其一，風箏是逆風而行，而不是順風而行，只有逆風的時候，風箏才飛得更高。詩人在放風箏中，悟到了修身。因為，現實社會裡，我們不可避免地會碰到很多的挫折；只有勇於面對困難，不斷提升自己，才會成功。二是詩人理解到風箏的用意，它不斷想掙脫我們的手，是它渴望藍天，渴望在藍天中飛翔。詩人已領略到，人生為什麼要奮鬥的真理。在時下，是多麼需要的一種精神呵，讀來給人一種清新之感，這也可以啟示我們自強不息的道理。

　　總之，在綠蒂半個多世紀的詩歌創作之路，始終是扎扎實實走過來的。近年來，他不但忙碌於年底的第 30 屆世界詩人大會的籌備，而且又得忙於自己分擔的行政工作。然而，他仍利用點點滴滴的剩餘時間，構思寫詩，令人感動。他向詩注入了自己的生命，很顯然的，這部《綠蒂詩集》，就是綠蒂詩歌創作的藝術結晶；而今年文藝節也獲頒詩歌終身成就獎，為華文詩歌的發展，做出突出的貢獻。記得綠蒂他對詩的解說：「有些人試圖描繪我的清逸與隱逸，但連我也無法自我詮釋，只有我的詩是我的代言人。」這句話時時響在我的耳邊和心頭。他是夢幻詩境的行者。

── 2010.2.20 作

── 刊登《秋水》詩刊第 148 期，2010.12

融合寫實寫意的感事抒懷
—— 楊允達其人及其作品

用詩藝開拓美的人之一

楊允達其人其詩

　　楊允達〈1933-〉，生於武漢，籍貫北京。1946 年隨父母遷往臺灣，臺灣大學史學系畢業，政治大學新聞研究所碩士，法國巴黎大學文學博士。曾任中央通訊社記者、駐外特派員、外文部主任長達四十年，美國美聯社駐臺北特派員三年六個月。1953 年與詩人紀弦、鄭愁予、林泠、商禽、楚戈、羅行等人在臺北創組現代詩社，成立臺灣詩壇的現代派。

　　1994 年出任世界詩人大會秘書長，前年十月在墨西哥舉行的第廿八屆世界詩人大會中，當選為世界詩人大會主席暨美國世界藝術文化學院院長。著有詩集六本、散文集六本、詩評理論二本，翻譯詩集三本。其中《異鄉人吟》和《三重奏》兩本詩集是作者用中、英、法、三種語文著作。

　　曾獲中國文藝協會頒贈『榮譽文藝獎章』，中國新詩學會頒給『詩教獎』，韓國漢江文化協會，外蒙古作家協會，以及印度筆會，均曾分別在漢城、烏蘭巴托和清奈，獲頒優

等文藝獎章，在國際詩壇上表現傑出；詩作已被翻譯成英、法、日、西班牙等九種文字出版。他出席世界詩人大會 17 次，擔任大會秘書長 14 年；服務中外詩壇菁英數千人，其獻身精神是為詩界稱頌的。

　　這位浪漫又恬淡的世紀詩人晚年仍創作不衰，在新詩形式中注入了自己最為深刻、飽滿的情感，體現了高潔的思想，也展示了獨特的美學觀。當然，由於特派記者的履歷和虛懷若谷的胸懷；詩人還能充分地運用文學作為他世界觀的方向。在實踐上，直接投入到國際詩壇的行列裡，成為一名宏揚詩教的長老；也再次為詩界提供了一些珍貴的啟示。近年來創設英文、日文、西班牙文網站，及籌備中的中文網站。他默默耕耘，誓志把中國優秀詩人的作品介紹到全世界；其感人的力量正源自於詩人內在的熱情與崇高的職責。

詩風恬淡　具崇高美

　　縱觀詩人長達 60 年的創作歷程，無論早期作品或去年的近作均有其個人的特色，有溫和蘊藉的智慧情感。如〈樹的禮讚〉，不管歌詠或是休憩，詩人正向世人描繪出樹「威武不屈」的典型及其莊嚴的意義：

　　　樹是人類的守護神

　　　在炎夏

　　　遮蔽烈日

　　　疲倦的旅者在他的蔭下小憩

　　　樹是偉大的哲人

秋風起兮
他會抖落滿身金黃葉片
不再招引妒嫉

樹是堅毅的忍者
嚴冬降臨時
縱然被白雪覆蓋
仍將一切生機深藏根柢

春回大地
萬物中
第一個甦醒的
是樹

—— Paris, July 4, 1979

　　這首詩正表明詩人對大自然保護的追求。意涵著：樹，
在它聳峙的雄姿下，有著不屈不撓的毅力，也期待我們能不
畏艱難而努力，茁壯的成長，從而深化了詩的力度。詩句體
現了對樹的尊重，讀來特別鏗鏘有力，韻味雋永。詩人身為
世界詩人大會主席，仍以向前進的精神，創造了新詩的網路
新天地，藉以強化國際詩人緊密的聯繫。晚年詩作呈現真樸、
自然之風，又有了許多新的藝術拓展。如〈美麗的葉子〉，
是以哲人的心境告訴讀者：

再美麗的葉子
也會從樹上飄落

　　摘下一片楓葉

　　且把它夾在書裡

　　正如你的容顏

　　永久藏在我心底

　　這裡有兩種意涵：一是一種美好的心靈感悟，把楓葉美的視覺變成了思念的容顏，這是詩人的匠心體現。二是透射出詩人真摯情懷與審視現實人生的多變：一如亮麗的雪景，本有凋零之際；只有恬適的人，才能享受它的清淡，這尤為可貴。詩人能在生活中創造不同的感受，瞧瞧一片凋零的楓葉，使心中的舊事看來新穎，是不是充滿了古典的情致？

　　此外，詩人的〈橋〉，清新諧趣，還體現了一種崇高的氣度與兼容並蓄的藝術精神：

　　雨後展現在晴空的彩虹

　　是天際的七色橋

　　神仙踩著它下凡

　　橫跨兩岸的橋

　　是人間的彩虹

　　你，我過河，通行無阻

　　我低頭，彎腰，弓著背

　　架起一座橋

　　供人們跨越一條溝

　　詩中有興味地道出詩人內心的體驗，有真情實感。我們聽到詩人心靈中那以生命與奉獻世界的強音。雖然，詩人在

詩界已取得可喜的成績，但今後的使命仍更深重，仍需他進行艱辛的跋涉，搭建起一座又一座足以跨越國際詩歌聯繫的橋。詩人在前進的路途上，總是堅持一顆謙摯的心靈，且感到：惟有曠闊的橋，才能無遠而弗屆。在這裡，已昭示出詩歌的網路建立是詩人的熱血換來的這一歷史事實和理想；也包含著深深的期許，在我們心中能連結心橋。

　　〈風〉也是用平靜的抒情方式，描繪出對生活的感知和藝術思考，去揭示生命的真諦，而且通過感覺，詩人的心靈持有世界和平的信念，讀者是可以感受到的：

> 和風輕吻著海灘
> 為你我的內心
> 帶來平靜
>
> 願我們永遠在這片和平之土
> 找到上帝唇中吹來的
> 喜樂和愛

　　大海確能使人忘卻疲憊，詩人在和風中，也覺得心靈恬謐的歸宿。生命因為有愛，萬物才充滿可愛。詩人希望人們常懷一顆快樂的心，彼此之間更為融洽、更有溫情；也給予了和諧最好的詮釋。

　　最後介紹這首〈靈魂之雨〉，正是道出詩人以悲憫世人的態度，對詩歌有執著的信念，才能保持胸次瑩淨、高遠，甘心與詩歌藝術為伴：

> 雨
> 滴落大地

洗滌
滋潤
萬物因而成長

淚
浸透靈魂

冷卻
潔淨
憂傷因而治癒

　　有雨滴就有滋潤，有淚才能浸透靈魂，二者是相輔相成的。這裡的憂傷是什麼呢？是為愛的眼神？或生活的困頓？詩人沒有直說，而是通過對大自然的愛與包容，捕捉到最生動的意象，使無知的事物具有知覺的審美體驗。藉由此，希望我們產生勇氣與信心，去克服所有生命中的瓶頸。

結語：楊允達詩歌是華人共同的精神財富

　　過年後，接到楊博士遠從法國寄來的詩集，細細品讀，我尤甚喜愛他去年的詩，詩的情緒是於緬懷中透出哲思；真誠中又激發美感力。無以復加的，它把讀者靈魂提昇到形上學的思考層面，也反映出詩人心靈上沉潛的和諧。

　　在紛紜擾攘的眾生之中，詩人楊允達以詩會友，不停地追逐自己的理想，為世界詩壇而奉獻，讓後繼的詩人感到一種溫馨與希望。我認為，詩人一生是豐富的，他四十年新聞

報導刊遍各大報，退休後仍孜孜不倦於世界詩運。在他去年
自傳中，曾寫出：「一個渺小的生物存活在這個地球/何其珍
貴，值得慶幸//我正繞著太陽轉第七十六圈//俯首，我向萬物
的主宰//跪拜，虔誠感恩」。彷彿中，我們看見詩人熱情地
投注於世界詩運的同時，不能不為其旺盛的寫作之心而感
動。在今年年底十二月，預將於臺北舉辦第 30 屆世界詩人大
會，我們期待圓滿開幕，更冀望楊允達博士的詩能把愛與美
繼續留給世界。

—— 2010.2.24 作

—— 刊登臺灣 "國家圖書館"《全國新書資訊
月刊》2010.04，頁 36-39。

2009 年 8 月 30 日，馬其頓共和國總統伊凡諾夫（Gjorge
Ivanov, President of Republic of Macedonia），在他的官
邸接見臺灣詩人世界詩人大會主席楊允達博士。

澹泊純眞的感性微觀
── 讀謝明洲《讀畫詩章》

一、昂揚意緒的內心世界

　　謝明洲，河北省任縣人，現任《新世紀文學選刊》社長、《時代文學》執行主編、山東省散文學會副會長等。著有散文詩集《藍藍的太陽風》等，詩集《悲劇方式》、《讀畫詩章》。曾多次榮獲省級以上獎勵。

　　謝明洲的詩藝是生活的反映，他吸取文人抒情與寫意的意趣，選擇了寫詩作畫的藝術道路。它們緊密結合著生活，詩風古雅婉約、情感細膩飽滿，是很有感染力的。他的畫意緒飛揚、豪邁不拘，畫意中隱藏著激昂的氣質；在大自然的紋理中、不論山川花木、動植物的形勢等，都以筆墨與自然間尋求微妙的和諧。他真誠地描繪出每一次對美的感動、對大自然的讚詠。

　　謝明洲的理想、熱情與韌性，一再驅使他激發詩思；透過虛心、勤奮、自我期許和堅強的毅力，在藝術中堆砌屬於自己的王國。他喜歡純樸、真實的人性，以詩來訴說他的內心世界。其中，尤以對古典西畫的讀思，探索藝術內涵的美感及生命力，其長期積澱在東西文化內涵則一直是詩人藝術

世界中最可貴的光輝。

二、以詩濃縮畫裡的真義

　　《讀畫詩章》在 2005 年出版後，即廣受讀者喜愛，於 2009 年再度印刷，可看出謝明洲對古典西畫的專注及深情，在詩界極為少見。對他來說，是想從畫中建構一種足以和自然互相輝映的影像。他想抓住畫中的物象，細心地揣摩，而這種凝心，使他領悟到全新的心境，也就溶入了一種強烈的想像力。此刻，詩人的精神與被觀照的畫作在時空中達到合而為一的契合。

　　我曾多次駐足詩中，但這篇〈孟特楓丹的回憶〉印象最深，是具有真正堅實豐涵的佳作：

　　　那一株樹曾經綴滿綠葉
　　　在某些春天
　　　還曾開出花朵

　　　有人仰慕
　　　有人鄙視
　　　有人怯怯繞路而走
　　　有人在它的下面不止一次地乘涼或避雨

　　　還有一個孩子
　　　在樹的軀幹上用小刀刻下了自己的名字
　　　后來
　　　孩子和樹漸漸長大
　　　孩子去了遠方

　　而樹的根愈扎愈深

　　再后來
　　樹老了
　　葉片落光了
　　而遲遲沒有孩子歸來的消息

註：《孟特楓丹的回憶》（1864 年），法國著名畫家柯羅的繪畫作品。

　　法國畫家柯羅 Camille Corot〈1796-1875〉被譽為 19 世紀最出色的抒情風景畫家之一，《孟特楓丹的回憶》是柯羅風景畫中最感人的一幅。孟特楓丹位於巴黎北郊的桑利斯，畫面風景安詳雅致，湖泊澄澈，森林詩意盎然，景物樸素無華。微風中，柔弱的枝椏充滿著流暢的節奏感和抒情性；彷彿能聽見樹葉細語的聲音。然而，女子與小孩溫馨的律動裏，又有一種悵然的回憶與甜蜜的感傷。

　　詩人透過畫面嘗試將畫作蘊含的寓意，用自己的想像力去表現畫家崇高的歷史主題。原來世界的萬物，似乎沒有什麼事是永恆不變的；所有生命亦如此，唯有愛與親情是大自然中最好的慰藉。但時間的綠葉驟然紛落，年復一年……兒時的單純與幼稚，母親的慈顏與笑容，大樹的庇蔭與呵護；又有幾人能好好珍惜並懷念家鄉的溫馨呢？詩人意喻：人類與大自然取得和諧的必要條件，就是愛，一如藝術的功能。其象徵意象不言可喻。

　　而另一首〈睡蓮〉可以從莫內的氣質中看到真性，也可感受到謝明洲浪漫生命的躍動：

　　些許震顫與波動

水間之睡蓮
平凡著安然而臥

或許這正是克勞德‧莫奈畫筆下的
獨具光芒的
一種悲劇方式
冷冷漾漾的沉凝
聚而又散的霧絮
多少旅程與悲歡迫在眉睫

浮沉。漂泊已無可遴選
長夜將曉
一枚枚苦果晶晶
或許的美麗與美妙將被領略

水間的睡蓮
平凡著坦然而歌

註：〈睡蓮〉，法國著名印象派畫家克勞德‧莫內的繪畫作品。

　　克勞德‧莫內 Claude Monet〈1840-1926〉是法國印象派的奠基者，也是創始人之一。自 1890 年代起，他開始專注於睡蓮主題的創作；對色彩的運用表現細膩。莫內用許多類似〈睡蓮〉主題的畫來探索色彩與光完美的運用，從自然的光色幻化中直抒瞬間的感覺。然而，不幸的是，視力自 1990 起開始出現問題，但莫內仍繼續繪畫，而且還在畫睡蓮，且越畫越大幅。

　　莫內晚年時持續創作，視力卻幾近失明。他還是畫到

1926 年 12 月 5 日去世為止，享年 86 歲。〈睡蓮〉畫中，一座日式的拱形綠橋下，水菖蒲、百子蓮、杜鵑花、繡球花…環繞著池塘。池塘上漂浮著粉紅色的睡蓮，柳樹和紫藤垂影，水的色調藍綠相映。

　　莫內畫中的色彩都有著各自的生命。1907 年夏，《睡蓮，晚間效果》畫中，在鮮黃、桔黃和朱砂色的烘托下，強勁的筆觸在睡蓮雲間扭曲向上，彷若一片視覺的夢幻世界。1909 年，莫內在杜朗 ── 盧埃爾畫廊展出他在 1903-1908 年間畫的 48 幅畫，他自己為它們取名為：《睡蓮，水景系列》。畫展甚為成功。

　　詩人謝明洲始終認為，繪畫是心靈的另一扇窗，人們應去欣賞莫內的〈睡蓮〉，去享受它既壯美又寧靜、無與倫比的畫面。於是，為了捕捉存在於大自然之間的靈思，他常觀察睡蓮，進而喜於繪畫蓮花，以心靈與大自然交流時，去感收到一種審美的愉悅。

　　此詩意旨：睡蓮經常帶著一種堅強的溫柔，在水一方，坦然而歌；時而沉思，時而安然而臥。黑夜過後，陽光用心地點描，只有一經晨露了，它在瞻仰的長空裡，跟著喜悅和凝望；詩人也感悟到自己的微小。這裡，我們可以真確地感受到：睡蓮的平凡並非平庸，而是它對自我生命的體認和肯定。正因睡蓮的舒坦若定，看盡人間的聚散浮沉；致使人們在探索自然時，益見其沉凝謙懷的本質。對這個隱喻用來傳達畫家與自然之間的環節狀態，這或是詩人洞悉，唯有承認自己平凡，在不斷的淬礪中，才會興起「超越自我」的壯志，即為此理。

三、結　語

　　藝術是由生命的累積，不斷成長，在掙扎、沉思與執著中得來的；也是心理健康最佳的保障。謝明洲的《讀畫詩章》，基本上是透過古典西畫為出發點，再慢慢溢入自己詩情，以最真誠的態度，描繪出藝術人生，也是一種心靈分享。詩人體驗畫作的藝術意象既深且遠，誠令人感佩。

　　謝明洲也不習慣被讚美，處世沉潛謙和、務實精進。詩風雅典內斂、力求風格上開拓新境；企盼為西方的浪漫美學再造生機。在名畫筆下，毋需自然形貌的轉喻，詩人他內心領略藝術，昂揚的意緒，早已溶為一幅幅筆趣與墨韻，呈現出一片心靈真境。

　　細讀謝明洲的詩，我們會發現詩人純真、敏銳的內心世界。他賦予大自然景物以美感，輕輕喚起了我們對這個世界的愛。不可諱言的，他一直是安靜、誠懇的詩人。我十分偏愛他說過的一句話：「詩歌是一位心地清澈的朋友，倘若以真誠待之，她變題以真誠；倘若以虛偽待之，她便棄您而去。」由此而知，他寫詩態度很專一、很真誠。這本書使西畫具有了思想的深度，在山東這文風薈華的藝文世界裡，謝明洲孕育了那深潛纖細、敏學不倦的特質，從寫詩作畫，去表現自己的生命力，見證生活，繼而開拓出澄淨的心中桃源。

── 2010.3.18 作

── 刊登高雄市《新文壇》季刊，第20 期，2010 冬季號，頁 34-39。

旅美詩人非馬及其作品

用詩藝開拓美的人之七

　　非馬〈1936-〉本名馬為義，出生於臺灣臺中市，威斯康辛大學核工博士，曾任職美國阿岡國家研究所。六十歲退休後，專心於文學與藝術創作，更積極地去體驗人生。他曾在芝加哥及北京舉辦過多次畫展，引起很大的注目與迴響。目前定居芝加哥，一生獲殊榮無數。在人們的心目中，非馬是個離臺隻身在美國奮鬥的遊子，卻有「核子詩人」博士之稱，在科技及文學藝術等各方面，都有很豐富的成果。他有質樸、優雅的笑容，卓越的才華及美滿的家庭。非馬也是位早慧的詩人，自始至終都保持著自己高度的洞察力及敏銳的感覺，以獨特的視角、幽默的哲思、與詩句的簡潔凝煉見長。當他六十歲，自阿岡研究所提早退休後，開始去接受藝術的薰陶，除了寫詩翻譯外，也做雕塑及繪畫，締造一個屬於自己的藝術世界，更進而視真理為生命，不斷地超越自我，描繪出一幅勇者的畫像。

詩風清澈　真情至性

　　〈藍色小企鵝〉是非馬寫的一首溫馨可愛的詩，它的英

文版最近發表於〈基督教箴言報〉。它爲什麼特別感人？原因就在於詩人愛護自然、保育動物、歌頌人間真善美，寫出了這樣可以喚醒人心的詩句，給人留下了深刻的印象：「被禁止閃光的眼睛／根本無法分辨／他們是從無邊的大海／或黑夜的後臺／走出來／／的不喧嘩／不爭先恐後／這些聽話的幼稚園孩子們／列隊魚貫上臺／白胸的戲裝／在昏暗的燈光下／隱約閃亮／／無需任何臺詞／或表情動作／他們用蹣跚的腳步／一下下／踩濕了／臺下凝注的眼睛」此詩以誠心真情描繪出一個個深深被小企鵝的演出所感動的表情；在思想的深化上，不失爲一劃時代傑作。我們不禁感歎造物的神奇，這種美麗的畫面讓人無法形容，因爲它是從詩人心中有愛發出，其光芒足以掩蓋小企鵝表演動作上的笨拙或蹣跚的步履的小缺憾，反而造成一種真正的美麗！一顆沉靜清明的心靈、一個無邪純真的笑顏或一滴感激的淚水，都是難得的，尤其在這個利益熏心的社會裏。現實的壓力下，對某些遺失閒情逸致的人們來說，已失去許多浪漫主義的色彩；如果能在忙碌時間的接縫中，與家人經過一番心靈的洗禮，恢復了赤子心，在旅遊中深知人間有愛，勇於付出關懷，方能擁有更多喜悅。看那上帝的造物，是如此的美好！這是從小企鵝身上所得到的啓示。

接著，我們來欣賞〈馬年〉一詩：「任塵沙滾滾／　強勁的／馬蹄　　永遠邁在／前頭／／一個馬年／　總要扎扎實實／　踹它／　三百六十五個　　篤篤」這首詩作是非馬42歲那年，剛好是馬年之作。詩句新穎而傳神，豪放中不忘奇崛、純真，每一字都滲透了非馬的個性傾向和主觀願望，

流露出一種豪邁的詩意，把讀者靈魂提升到形上學的思考層面。背景是黃沙滾滾的大地，一匹駿馬的篤篤啼聲，掠過一聯串的風景，報來一年的喜慶。當 58 歲的非馬溫柔地寫下〈秋窗〉，有令人陶醉的別致美：「進入中年的妻／這些日子／總愛站在窗前梳妝／有如它是一面鏡子／／洗盡鉛華的臉／淡雲薄施／卻雍容大方／如鏡中/成熟的風景」它的背景營造了一個唯美浪漫的意象：詩中的妻素靜安詳，不帶一絲激情，似乎可以感受到人物的靈魂，也完美地傳達出古典主義派的美學。詩句是反映夫妻的生活、所抒發的情感，含蓄而不矯飾，絕去形容，以淡雲薄施，略加點綴，可讓讀者感受到的很多很多，從而喚起甜美的聯想。

　　非馬在退休後轉向美和藝術，從中獲得審美體驗與觀照。還記得他 45 歲時寫的這首〈吻〉：「猛力／想從對方口中／吸出一句／誰都不敢先說的／話」這種再度體驗過的感情，就是審美觀照，就是一種藝術，也往往給讀者愉快的動機，一種不可言喻的美。在欣賞非馬的詩畫時，我們常能暫時忘卻了實際生活的羈絆，也使我們再次愉悅地享受生命的自由與美好。另一首〈橋〉，這首富於哲理的七行小詩，即將被收錄于英國牛津大學出版部出版給國際學生使用的英文課本裡；暗喻惟有聯繫兩岸的橋，才能無遠而弗屆：「隔著岸／緊密相握／／我們根本不知道／也不在乎／是誰／先伸出了／手」這首小詩令我愛不釋手、反覆思量，其內涵的意義是，國際間，不論來自何方，真正友誼的橋樑，建構在愛與被愛中；如能關愛別人，也將得到別人的關懷。每個人的心中，都存有一座心橋，只要先誠摯地伸出友誼之手，連結

心橋，愛，不分彼此，不分先後，不分遠近，也不分種族膚色；我們所需要的是，能先釋出一份暖暖的溫情，來拉近彼此距離。因為我們同是地球的一份子，每個生命體，渺小而短暫，更應緊密相連，本著互助的襟懷去愛朋友或鄰國，這個世界將顯現更光明的一面。愛，可以轉動世界，這也正是詩人最真誠的告白與期待；如能達到這個境界，心靈的交流，就能暢通無阻，人類社會和諧方有期。

　　〈黃山挑夫〉是一首令人熱血澎湃又不能忘卻的好詩，抒發的儘是詩人向人們展示黃山挑夫的辛勞、身臨其境的體察，真正形成了非馬人格與詩作的大氣魄：

　　每一步
　　都使整座黃山
　　嘩嘩傾側晃動
　　側身站在陡峭的石級邊沿
　　我們讓他們粗重的擔子
　　以及呼吸
　　緩緩擦臉而過
　　然後聽被壓彎了的腳幹
　　向更深更陡的山中
　　一路搖響過去
　　苦力
　　苦哩
　　苦力
　　苦哩
　　苦力

苦哩……

在黃山頂上看挑夫從一階階的雲梯爬上來，本來不是奇事；但是我們注意到詩人本身充滿了博大的愛，對大地的愛、親友的愛、民族的愛、小市民的愛，對挑夫的悲憫之情抒寫得淋漓盡致，更增添了一種令人咀嚼回味的辛酸。黃山是中國數一數二的風景勝地，也是世界遺產之一；參差林立的怪石，千萬株丘壑之間的蒼松，隨著山風洶湧翻騰，雲海如白浪滔天，在羣峰中乍隱乍現，堪稱為三大奇景。而黃山挑夫的工具有三：扁擔、叉子和繩索，每個挑夫幾乎挑起近九十公斤物品；如果是雨霧來臨，山路崎嶇不平難行，挑夫根本無浪漫可言。他們一步一腳印，恰像一匹馬馱著重載般，拼命地、吃力地往上爬；晨光照著他們充滿皺紋的臉龐，肩擔一生的風雨與蒼涼，映照出一幅力與美交織的畫面……誠然，命運總是以多樣化的形貌磨練人心，挑夫雖然汗流浹背、辛苦地養家糊口，是一輩子勞累的宿命，但也因其擔當，儘管責任越沉重，他們的腳步卻越穩健；而沿途搖響的腳步聲，吶喊出挑夫內心的精神力量，讓詩人與天地為之動容震撼。在多數遊客無視於挑夫的勞力、只在乎拍攝眼前的美景的映照下，詩人的關懷之心在我們心中產生另一種滋味，另一種激蕩，也使我們對生命的體驗大大加強了。

畫境新奇　風雅高遠

西方醫學之父希波克拉底〈Hippocrates〉曾說：「藝術是永恆的，生命卻是短暫的」。研究非馬藝術創作的源起可回溯到去年自己開始對詩藝的興趣，特別是在進一步鑽研

後，平日我寫詩之餘，也喜歡繪畫，而這些經驗在在都加深了我對非馬的認識與了解。在探索中，我極力避免冒然提出論斷的批評，而有關非馬藝術創作的理念，才是我最想加以深入探討的。許多評論家對非馬藝術的特性，都有高度的關注，對我而言，如何讓讀者不僅能對非馬藝術作品本身的意義充分了解，同時也將這些認知與自己的思維相互連結，從而建構出有益的藝術觀點。

醉漢　12.7 × 17.8 cm　丙烯　2006

〈醉漢〉構圖簡約俐落，視覺傾向於空濛雅致的現代主義色彩。靜態的月影與詩人的永不停息的生命動力達成了某種契合；從畫中的原型情境不難看出非馬的情感體驗，能強烈地喚起詩人的精神故園。其真正有力量的是隱藏在詩人心靈深處的審美知覺，將對祖國鄉愁與徬徨，結為記憶，形成具有雙層意蘊的象徵。這樣造成的孤寂，富於無以倫比的悲愁，也能給人一種江流浩渺、空曠中的恬靜的感覺。

自畫像　20.3x25.4 cm　油画　1990

雖然人生的意義在於獲得自我的肯定與成長的喜悅，年逾六十的非馬仍藉著繪畫，不斷地超越自我，勇於創新，把自己推向更寬廣的藝術境界。〈自畫像〉是諧和的，背景的紅木櫃，散發濃郁的書香味，是靜態之美。這幅不似野獸派的領袖馬蒂斯的畫風大膽鮮明，反而在木訥的表情底下，常保一顆年輕的心。這裡最主要的技巧，或許是樸實無華的個性之中流露出來的一種不帶偏見的觀照吧！在 54 歲時，非馬開始著手創作自己畫像而達到個人創造力的巔峰。

結語：詩藝奇崛與美的發現

　　非馬是智慧型的詩人，他的詩流傳廣泛，影響也大。我始終認為，年過七旬的他，仍馬不停蹄地勤於創作，完全是因為他個人的學養以及擁有一股年輕人的積極奮鬥精神；自古以來好詩比比皆是，但不是每首都能成為經典之作，它必須歷經時代的考驗，有超越時空的內涵價值。若無真切的體驗，是寫不出溫馨而清新的詩句來的。非馬的詩經常以俏皮、幽默的語言做出生動的描述，除藝術效果大為增強外，其優美獨特的意象也層層迭現；詩人內心澎湃的情懷，使讀者產

生強烈的感情共鳴，在會心的一笑之後，也深深進入思索。

　　非馬也是位詩思豐富的藝術家，他的畫靈巧優雅，帶著濃厚的詩意。在靜物或抽象畫的創作上，常呈現他輕快的筆觸，線條俐落、充滿生氣。作品多呈現出天趣盎然與自在的風貌，流露出他獨特的藝術魅力，故而能在芝加哥及海外展覽中結成豐碩的果實，連同詩藝受到人們的推崇。我始終說不出一個比較確切的理由，來解釋為何會喜歡研究非馬的藝術。但我深深相信，研究非馬的創作精神，對當代詩壇與藝壇是有其意義的。他對現代藝術帶有濃厚的興趣，除了繪畫，也製作了一些雕塑，造型抽象中有一股親切的質感與沉潛的風格。我認為，非馬藝術有兩重意義：其一，它代表了追求身心和諧、完美人生的具體典範；其二、它象徵了崇尚自然的美的創新表現。人們只要有機會接觸到他的作品，必會被吸引而進入他的藝術世界，共享他辛勤創作的成果。

—— 2010.3.26 作

—— 刊登臺灣“國家圖書館”《全
國新書資訊月刊》148 期，2011.04

發出自己的詩音　淺釋愚溪的詩
—— 〈原鄉・山胡椒的告白 —— 四千歲 臺灣高山湖泊「鴛鴦湖」旅記〉

　　愚溪的詩清新、雋永，感情真摯，追求嚮往著自由光明和新生的思想，是當代浪漫主義詩派中最有禪思的代表性詩人之一。〈原鄉・山胡椒的告白－四千歲臺灣高山湖泊「鴛鴦湖」旅記〉是一篇具有真情實感的佳作。鴛鴦湖的渾然天成、潔淨的外貌，蕩漾著人們心靈的污穢。愚溪選擇的基調是沉潛與柔和的，韻律也響亮流暢。他通過巧妙深邃的藝術構思，生動地反映了內心強烈的情感；不但具有獨特的東方美學神韻、濃郁的禪宗文化氣息，而且深刻地揭示了詩人崇高的精神真境。我們試分析一下：

　　一輪落日，相寫八萬四千顆

　　如因陀羅網

　　晶瑩明亮掛在苔蘚間的水珠

　　感恩老神木運載我淨色的眼目

　　契入鴛鴦湖全景攝影

　　霧氣沾濕了睫毛，滋潤了眉宇

　　甘露　甘露　水滴聲滴滴…露露

　　菩薩心永遠滿足不了

眾生心─慾念的祈求蠻力

純色的晴空出現了亂竄的流雲

眨個眼，瞬間雨落滿中天

伎樂天濤濤敲擊演微妙音

訴說無盡意……

夜　黑色黑光看不見東西南北方

本不動搖的是靈山

本不生滅的是寶地

本自清淨的是雲嵐與霧氣

能生萬法的，是老神木那多情的身軀

── 選自愚溪詩集「無孔鎚」

　　全詩表現了一種閑適、清淡幽雅之情。詩中出現的一些具體物象，如苔蘚、水珠、雲嵐、霧氣、老神木等也富有典型意義。都是為完成其創作意圖存在的，因此，也就產生了不同於他人的藝術思維。這樣的構思，深刻而完整，其思想內容愈見深遠，讀者的藝術感染力也更加強烈。

　　一開始，愚溪描繪了一幅落日後的湖泊風光圖，畫面是唯美的，也創造了一個優美的詩境。看，詩人把鴛鴦湖描繪得多麼鮮明形象！詩中以落日的光照，烘拖其週遭的情景，增添了詩的意境美。在這裡，八萬四千顆這個數字概形容其為數眾多的光芒之意。傳說中釋迦牟尼涅槃後，其弟子按照他的囑咐準備荼毗火化事宜足有六天之久。到了第七天一切就序，當木柴堆積在棺木四周後，柴堆竟自己起火，最後燒出了八萬四千顆七彩晶瑩的舍利子。而「因陀羅網」暗喻著

餘暉在湖畔間,如珠玉交絡,重重無盡,互相影現。字里之間,不也閃爍著詩人對自然萬物的喜悅之情嗎?

詩裡沒有人為的雕琢的書畫語言的氣息,倒是給人一種音樂感。這是愚溪的成熟作品,其表現不僅在詩的思想內容和語言的形象性以及飽滿的感情上,也在於他韻律運用得成功。

擅長攝影的愚溪,通過眼前一組美麗的景像展示出來的,是詩的琴弦已慢慢由心靈的博動中撥響;它音韻結構完整、有一種層次清晰的感覺。詩的背景鴛鴦湖,位於雪山山脈的高海拔湖泊,屬宜蘭縣管轄。相傳有著淒美的愛情故事:一對山地情侶,男的在一次狩獵中,不幸失足落水而死,弓箭則飄浮在水面上;女的看到悲痛欲絕,為信守愛的堅貞,遂而投湖殉情。此舉感動了湖神,將兩人化為鴛鴦長相廝守,因而為名。

這生態保護區內擁有約 22 公頃的沼澤地,因潮溼多雨,空氣中不時有濃厚的水氣,雲霧環繞,林木間滿是蔥綠的苔鮮和蕨類。整個鴛鴦湖像是在水裡沉浸多年的大地,偶有飛鳥和野生動物的足跡。愚溪面對鴛鴦湖變化多端的風情,內心的微妙世界,富有豐富的性。他甩掉世俗的一切羈絆;其感情是生動的,可感的,也有清澄明澈的思想。詩人不是只安於個人生活的小天地,只想著自己而已。他從感性認識到理性認識,思想上的飛躍;則展現於詩的深邃意境,常帶有佛道色彩,也體現了一種空靈美。

每當夕陽西下時,波光點點,銀白生輝,這湖畔水草飄然,與漆黑的山影相對。雖然當地人仍固守著那一湖碧水作

懷相思，給人一種清雋寂冷之感。然而，愚溪有獨具的巧思，不把它寫成一首單純的愛情詩，而是把它昇華為有濃郁情致的詩境，從而達到擺脫痛苦的再生，這又是一種解脫，也是一種禪。暗喻眾生貪、嗔、癡的妄想及心念，一悟即了。老神木因看盡世間一切，而能正知正見，將自己安住在慈悲般若之中。由此顯現詩人視野和胸襟的開闊。

　　對於詩的風格，俄國作家屠格涅夫曾說：「敢稱之為自己的聲音的一種東西。是的，重要的是自己的聲音。重要的是生動的、特殊的自己個人所有的音調，這些音調在其他人的喉嚨裡是發不出來的。」印度總統卡藍博士（Dr. A.P.J. Abdul Kalam）也曾在世界詩人大會中說：「愚溪高尚的心智確實是我們銀河系一顆耀眼的星星。」在我眼裡，愚溪的風格，幽淡而雋永，可以給廣大的讀者以深刻的教育和強有力的感染。當然，對這些地方典故的吟誦，並非都如歷史學家那樣客觀地評價；然而，這首詩，愚溪則是揉進了自己的思想感情，包含了對鴛鴦湖的感喟，使人讀後難忘。

—— 2010.4.1 作

—— 臺灣行政院文建會補助出版

《文訊》297 期，2010.07，頁 18-19

概觀吳鈞《魯迅翻譯文學研究》有感

摘要：本論文主要以探討魯迅[1]的翻譯文學為主，著重在對文本的分析及詮釋上，進而探討魯迅對翻譯文學的貢獻。魯迅作品中，常可窺見人性黑暗的一面，但直接提及美學問題的，實屬少見，卻是很值得關注的。

關鍵字：吳鈞，魯迅，翻譯文學，美學向度，詩

一、前　言

初讀這本書，給我的感覺是，吳鈞[2]的創新意識是靈動、孜孜以求，刻苦鑽研中，由紛繁複雜到思理澄澈。深入細讀，

---

1 周樹人〈1881-1936〉，筆名魯迅，浙江紹興人。是近代中國史上佔據著重要地位的文學家、翻譯家、思想家；他的著作對於五四運動以後的中國文學產生深刻的影響。歷任北京大學講師、北京女子師範高等學校、廈門大學、廣州中山大學教授。

出自維基百科

2 吳鈞〈1955-〉山東沾化人。文學博士，現任山東大學外語學院教授。

我發現，吳鈞並非僅僅是勇於探索魯迅文學的那種對於新領域視野的開拓。其實，這是至今國內外罕見又出色的學術專著。看得出，魯迅的高妙文筆、思維博深，都足以讓吳鈞從中汲出哲思。在文獻的過濾和整合中，她努力地將對魯迅作品的感悟推向或衍生到對翻譯理解的高度，並使自己站在了一個更高的起點。

魯迅一生共翻譯 14 個國家，近百位外國作家的 200 多種作品，字數達 500 萬之多。他曾說：「太偉大的變動，我們無力表現的，不過這也無須悲觀，我們既使不能表現他的全盤，我們可以表現他的一角。」[3]文中第一章概論指出，魯迅是首先成為翻譯家，後來才成為文學家的。他能讀精深的日、德、英語，此外，還能讀俄羅斯文學，其最偉大的功績，是文學創作。在第六章裡，特別注重魯迅小說傳播對當代文學翻譯創作的成功經驗。雖說魯迅的文學翻譯和文學創作是緊密聯繫在一起的一個整體的兩個方面，然而，魯迅與文學翻譯方面的專門研究實為罕見。

最後，吳鈞有自己的結論。「魯迅文學翻譯和創新的世界傳播的成功證明：凡是具有生命力的文學藝術總是處在開放環境中的不斷學習、不斷更新自我的結果。」魯迅對翻譯文學的態度是嚴肅的、認真的。同樣的，魯迅對光明的憧憬和真理力量的堅信，才能使得他帶病，至 55 歲逝世前，始終頑強地固守著翻譯的陣地。魯迅也力求精細入微地體察原著精神，因而，從他筆端流出來的語言，就自然而然是傳神感

---

3 魯迅，《致賴少麒》，〈《魯迅全集》第 13 卷，人民文學出版社，2005 年出版，第 493 頁〉。

人的。

　　從民族感情上講，魯迅一生之中，都在找尋一條出路，俯仰之間的所感所思，是探究國家民族的出路；他曾為五四文化新軍中最英勇的旗手。就個人而言，則是用文筆來反映現實人生。其所呈顯的思想對當代作家的啟示，多認為魯迅生動地描繪了中國人的習性、也能揭露和鞭撻他們身上的積陋、惰性和愚昧。

　　吳鈞指出，魯迅用他的文學翻譯和創作的手術刀觸到患者的傷痛深處，都是為了徹底地割除毒瘤。而這些生動深刻的作品和創作描寫超越了膚淺的娛樂層次，進入人性的深層審美層次。其藝術形象感人至深，這也是他民族憂患意識的體現；他的獨創精神和精湛的翻譯藝術美，是當代世界的學術思潮中不朽的文學典籍。在我看來，魯迅生命的意義或許在回歸自然的原始感性力量中，由不斷升騰到永恆。

　　從理論發展的規律來說，魯迅的翻譯文學是借外國文學來改造中國的國民性，改造中國的積弊社會。他認為翻譯 "首先的目的，就在於博覽外國的作品，不但移情，也要益智。" [4]我認為，魯迅文學思想的形成，是他繼承中國文化傳統的基礎上，借鑒吸收西方先進哲學思想的綜合結果；他將兩者融合起來，創造一種中西合璧的現代文學。在魯迅翻譯故事裡，存有童話氣質中追求的人文關懷，純粹而敏捷，幽默而堅毅，機智又詩意。在這裏，大自然、充沛的藝術，引領著我們在哲人般的探索中，探尋美學的力量。

---

4 魯迅，《 "題未定" 草》，《魯迅全集》第 6 卷，人民文學出版社
　　2005 年版，第 364 頁。

　　中國的精神文化雖是抽象、虛構的，但卻是博大的、深層次。而魯迅的翻譯文學響徹著時代的旋律，富有強烈的感染力；其學習研究主要是為解決中國的實際問題。魯迅認為翻譯是用來交流思想、振奮精神的。據此可知，他想通過翻譯外國小說等作品，直面人生，達到他引進西方不同的哲學、藝術思維、與中國文化自然和諧交匯的高遠境界。在寫作態度上，他不僅擅於解剖他人、抨擊黑暗，而且更為嚴厲地剖析自我、超越自我。

　　總之，魯迅的翻譯是激發他本人創作激情和靈感的火種和源泉。在書內第二章裡，無疑，吳鈞也竭力排除自我主觀的論斷，完成著從魯迅精神層次到作品生成的轉譯和翻譯理論家韋努蒂的比較研究，這正是此書最精采之處。這樣一來，她便使其研究視野有了新的實踐緯度。

　　文本第三章，吳鈞精闢地將魯迅翻譯文學歷史分為早期〈1903-1908〉、中期〈1909-1926〉、晚期〈1927-1936〉。其早期的翻譯手法以編譯、意譯為主；主要為科普作品和科學小說，代表作為法國儒勒·凡爾納〈Jules Verne，1828-1905〉的科學小說《地底旅行》。中期的翻譯手法轉向直譯，其代表譯作為長篇童話《小約翰》，在書中的第四章文本分析，有諸多獨到的分析研究。而魯迅晚期翻譯主要以蘇俄文學、美術史論和介紹西方版畫等為主；其中，最重要的譯作是俄國作家果戈理〈Nicolai Vasilievich Gogol，1809-1852〉《死魂靈》。

　　第五章中，探析魯迅的翻譯文學分類與藝術方法，將魯迅直譯風格的奧妙和精彩處，為讀者的閱讀與研究提出了新

解。至此，吳鈞也給我們提供了一個繼續探索的文本空間，引領著我們在探尋中直抵魯迅翻譯文學的美學向度和詮釋，爲本論文之研究成果。

二、魯迅對翻譯文學的貢獻

在魯迅深邃的思想裡，他善於把強烈的時代精神，同鮮明多彩的藝術形象相融合，藉以直抒胸臆。概觀全文，魯迅對翻譯文學的貢獻有三：

（一）對中國大時代精神的融聚：

魯迅始終希望喚醒國人敢於正視自己的弱點，並吶喊以覺悟並擺脫狹隘的愛國主義，在向西方先進國家的學習中不斷增強自我，最終實現使中國自立於世界民族之林的理想。在文本第二章裡，吳鈞提出魯迅與尼采有多災多難的人生經歷和孤獨的心靈呼喚，使青年魯迅與尼采有著心靈相通的一面。但魯迅對一生都被病痛和孤獨所折磨的天才尼采的理論是有選擇的接受的。

例如，魯迅並不贊成尼采的充滿懷疑主義和虛無主義的翻譯哲學。最可取的是，吳鈞提出魯迅與美國異化翻譯理論家韋努蒂的比較研究，魯迅所追求的譯文，並非一味仿效洋化，而是盡量保持原作的異域文化特色，以利文化的交流與了解，促進國民的覺醒。而美國勞倫斯・韋努蒂〈Lawren Venuti〉則認爲，在翻譯中譯者不必隱身，譯文中應當有譯者的身影。只有採取 "異化" 的翻譯，才能在譯文中保持原文的異國風情，這樣的翻譯才稱得上真正的譯文。

　　或許是隨著年齡的增長，閱歷的豐富，我感覺，書中有種靈動沉澱了越來越多的歲月的年輪和豐實感。魯迅在對嚴酷的社會現實冷靜觀察中，對悲傷與絕望的抗爭，常以現實主義的精神，來看待事物的發展和歷史的進步，以尋找個人生命的抗爭意義和價值。

（二）追求藝術形象、締造翻譯文學的意象美：

　　早期魯迅文學翻譯文本分析中，基本上是採用直譯法，科學小說是他翻譯的一個重要內容。其中，吳鈞挑選了《小約翰》為譯例中，探究魯迅翻譯的獨特風格；文本中，風景描寫譯筆優美傳神。比如"白的飛沫的邊鑲著海面，宛如黃鼬皮上，鑲了藍色的天鵝絨"。還有"這有如曼長而夢幻地響著的琴聲，似乎繞繚著，然而是消歇的。"。[5]這種意譯法顯示了魯迅豐富的想像力、增強了譯文的思想性，也使譯句更加富有詩意。記得意大利美學家克羅齊〈Bendeto Croce〉曾說：「感受的加工潤色，就是直覺」。顯然，魯迅的直覺即想像，是具有藝術思維性的靈感；其對色彩的想像也是一種匠心獨特的創造。又如"池邊是悶熱和死靜。大地因為白天的工作，顯得通紅而疲倦了。"[6]魯迅的譯文總能引起我們更深刻的面對大自然，在其不斷突破的基點上，已獲得了高層次的創作藝術。

---

5 魯迅，《小約翰》，《魯迅譯文集》第 4 卷，人民文學出版社，1958 年版，第 64 頁。
6 魯迅，《小約翰》，《魯迅譯文集》第 4 卷，人民文學出版社，1958 年版,第 23 頁。

　　如果說魯迅早期的譯作在特有的幽默構思中，還透出銳利的麥芒；那麼，在他的晚期作品中，我們看到則是麥芒過後的金黃麥穗，在浪漫的哲思中流淌著舒緩的生命律動，滲透著抒情的、唯美的、獨特的藝術手法。這種氣韻蘊藉著濃郁的美學意蘊，飽含著的質樸、純淨以及文字表達上的巧思，其舉重若輕的藝術形態構成了祥和幽雅、盎然生機的境界。

（三）在藝術手法上表現超逸與崇高熱烈的風格：

　　吳鈞書中的文學氣韻還表現在對具有民族特色的懷舊意緒和尋求魯迅一生對譯作中質樸天趣的返歸情懷。魯迅晚年的譯文更體現出他所倡導的直譯風格，比如"主婦—她有血乳交融似的鮮活的臉色，美如上帝的晴天，她和柏拉圖諾夫就像兩個蛋，所不同的只是她沒有他那麼衰弱和昏沈，卻總是快活，愛說話。"[7]這是何等的超凡！魯迅個人的憂患意識早已消融，升騰爲以真樸、抒情爲基調的意趣。我們讀到的意象是如此鮮活而特兀，又是這樣新穎而貼切的感覺。

　　我認爲，第五章是全書最引人入勝的地方，也是一次從魯迅對真善美的不懈追求和譯作含義的深刻體現。在魯迅翻譯的第一階段，其中，詩歌翻譯意境優美、氣韻生動。比如翻譯莎士比亞的詩中"詩人的眼，在微妙的發狂的回旋，／瞥閃着，從天到地，從地到天；／而且提出未知的事物的形象來，作爲想像的物體，／詩人的筆即賦與這些以定形，／並

---

7 魯迅譯，《死魂靈》，《魯迅譯文集》第 9 卷，人民文學出版社，1959 年版，第 471 頁。

且對於空中的烏有，/則給以居處與名。"[8]魯迅通過情境整體的想像，使詩譯獲得深遠綿長的美的極致；其情思淨純，有蘊含，給人以不同於別人的智慧與美融爲一體之感。魯迅晚期譯作，透過返璞歸真、養性怡情的生活形態，無論是翻譯寫人、詠物、繪景或譯詩，在不假雕飾中呈現出譯文真淳的境界。

綜上所述，魯迅翻譯手法和藝術風格的豐富基調，在一定程度上延伸了吳鈞的研究深度，它們所留下的翻譯文學經驗，值得今後的研究工作者加以汲取。

三、魯迅翻譯文學的美學向度：苦難與甘美

魯迅在他的創作文學過程中，就試圖以翻譯的方式，完成中外文化的嫁接。他讀遍各國名詩文，繼承了中國文學優秀傳統，並深受西方現代主義詩歌的影響，成爲"不斷更新藝術表現手法的高人"。

又何以魯迅人生的苦難能透過譯作而轉化爲審美的愉悅？對此，筆者擬從以下兩個層面來說明：

（一）文學和翻譯中的審美觀照就是藝術

魯迅出生於浙江紹興一個逐漸沒落的士大夫家庭，時值中國多難之秋之際。可以想像，剛滿二十一歲的魯迅，見到國家受帝國列強的侵略、社會民不聊生這一切時，只有痛苦感，便有了以身許國的志向。他痛批中國幾千年來封建主義

---

8 魯迅譯，《苦悶的象徵》，《魯迅譯文集》，第 3 卷，人民文學出版社，1959 年版，第 36 頁。

的精神毒瘤，遂而把民族革命和人民解放當成實踐理想的任務。魯迅的性格，絲毫不諂媚、屈奴。由於自幼受過詩書經傳的教育，對民間藝術、尤其是繪畫、研究歷史都有濃厚的興趣。所以，當他從外國文學思潮裡大量地吸收他所需要的材料，並轉而通過深沉的思想形成了翻譯文學的路線，並蒸餾成藝術，化苦痛爲美感。這就說明翻譯文學是魯迅生成美學向度的一種重要藝術力量，它處理其心靈最深處的悲哀與快樂。

（二）苦難與甘美的感情反應中所隱藏的眞理

　　毛澤東曾讚譽說過，魯迅是偉大的思想家和偉大的革命家。魯迅在審悲與審美活動中，轉而將思考力集中對描寫苦難與愉悅的翻譯創作上；它具有強烈的吸引力，而使我們快樂地享受他創作中的自由與甜美。我所理解的是，魯迅之所以能從民族的苦難中，甚至醜陋的事物裡，發現美和詩意；這跟他翻譯文學時，常保持一份可貴的童心，就是保持自然賦予我們的真性相關。這樣就能領略、把握天地萬物之美，才能寫得真誠感人，才能自己主宰自己的心境，也展示了魯迅獨特的審美情趣和藝術追求。

　　然而，當我們翻開古今中外文學史，卻驚訝地發現，研究魯迅翻譯文學理論的叢書，屈指可數。這樣看來，我要喚醒讀者注意的是，值此社會風氣逐漸頹廢的關頭，在中國這兒，卻存有一筆無法估價的、迄今爲止毋庸置疑的文學的財富。其中，隨著研究魯迅翻譯文學進程的逐步探索，在可以預見的將來，中國與外國文化的魯迅翻譯文學之比較研究，

仍將成爲既具有現代意義又具有學理深度的"顯學"。

　　吳鈞正是要在探索魯迅文學的時光隧道中，溫婉而執著地挽留住魯迅譯作時期過往的匆匆行跡。又或許吳鈞喜歡沉浸在對魯迅翻譯文學的追憶的不斷閃回，在懷古緬舊的感懷之中，讓我們重溫到魯迅當年的那種文思蘊藉與意蘊雋永。而吳鈞對待翻譯文學的研究態度，明顯也帶著魯迅所要求要"一木一石疊起來"的意趣。書中敘述吸引人之處，是超越藝術形象的更加深的美學向度。綜上所述，魯迅的審美理想就是一道美的曙光，它直接貫穿醜陋的現實與虛僞，而其翻譯文學的巧思及藝術魅力，也使讀者激起愉悅之情。

　　我們要使這一研究具有實質性的歷史定位，就必須在充分汲取相關的學術成果的同時，強化審美觀和審悲快感的意識，在研究魯迅譯作與外國文學家比較的基礎上，應拿出具有概括能力的研究模式。我認爲，這是一本爲學子研究的魯迅翻譯文學作品集。如用心細讀過，也一定會在其中得到某些教益。就會感到魯迅的譯作對我們的思想成熟、能培養起潛移默化的作用。

　　　　　　　　　　　　　　　　—— 2010.4.4 作

　　　　　　　　　　　—— 刊登佛光大學，中國歷史學會
　　　　　　　　　　　《史學集刊》第 42 期，20100.10，
　　　　　　　　　　　臺灣宜蘭縣，頁 231-239。
　　　　　　　　　　　—— 中國《上海魯迅研究》2011.
　　　　　　　　　　　夏季號

來自繆斯的聲音

── 淺釋屠岸的詩〈露臺下的等待〉

前　言

　　屠岸〈1923-〉，江蘇常州人，1946 年肄業於上海交通大學。現爲詩人，翻譯家，中國詩歌學會副會長。主要詩集有：《屠岸十四行詩》、《啞歌人的自白》、《詩愛者的自白 ── 屠岸的散文和散文詩》等。譯著《鼓聲》，《莎士比亞十四行詩集》，《英美兒童詩精品選》、《濟慈詩選》、《約翰王》等。《濟慈詩選》譯本獲第二屆魯迅文學獎文學翻譯彩虹獎（2001 年）。

　　屠岸詩歌的藝術特徵，是沉靜幽深的，同時又有幟熱的靈魂。它沒有條理分明的邏輯性和晦澀矛盾的模糊性；有的只是追求超自我的崇高性，以及對詩美的靈動感，構成了他最基本深層的藝術思想。

一、在孤獨的精神中找尋歸宿

　　屠岸在詩中尋找精神的歸宿，其原因或許可以追溯到童年從母親那裡得到文學的啓蒙，她的鼓勵，對屠岸的詩歌創作影響頗深。而就讀於英文系的表兄推薦的《牛津英國詩選》

和《英詩金庫》等書籍，也激發了屠岸開始對英文詩的興趣。他在上海交通大學就學期間，課餘常與外國教師練習英語，在寫詩的同時也嘗試譯詩。

25 歲那年，屠岸出版了第一部詩歌譯作惠特曼的《鼓聲》；兩年後，又翻譯出版第一部莎士比亞十四行詩。四〇年代之後，屠岸對濟慈〈John Keats，1795-1821〉的詩情有獨鐘，不僅詩性與濟慈詩中所流露的孤獨與感傷相吻合；而且由於濟慈 22 歲得了肺結核，26 歲便英年早逝。屠岸也在 22 歲罹患肺結核，因而屠岸把濟慈詩中深沉的哀嘆與憂鬱，視爲他心靈依附的情感，只有在生活與愁思的感覺中，寄情於詩，才得到心靈的寬慰。

幾十年來濟慈的詩與屠岸的靈魂相互交融，他曾寫下："你所鑄造的/所有的不朽之詩/存留在'真'的心扃，'美'的靈府，/使人間有一座聖壇，/一片淨土，/夜鶯的鳴囀在這裏永不消逝"。（選自屠岸詩《濟慈墓畔的沉思》）。儘管命運乖舛，文革時，家中所有的書被抄走了；文革後，屠岸的壓力似乎也不曾消失過。在最困頓時，他讀莎士比亞和濟慈的詩，就成爲他生存的力量。74 歲時，屠岸的譯書《濟慈詩選》，榮獲了第二屆魯迅文學獎翻譯獎，足見譯詩在他一生佔有極爲重要的份量。

屠岸爲譯詩開啓了一個不同的視野，不僅客觀敏銳地觀察原詩的精神，更重要的是要從中粹取出原作的神韻，再將詩人心理層面的精神活動揣摩後重新呈現出來。從這個角度來看，有人說只有詩人才能譯詩，這話是有幾分道理的。因爲，只有寫詩的人才能理解創作情緒，也才能真正理解原作

的精神。

　　譯詩是需精審的。在屠岸看來，翻譯是整個人類進步的動力，沒有翻譯，中國不可能認知世界，世界也不可能知道中國。屠岸多年來曾因嚴重的憂鬱症而痛苦過，如今，年逾八十的他，詩人的心靈柔和如風中之笛，撥彈出充滿激情又內蘊深邃的聲韻。

二、絕對純潔與詩魂的會合

　　在屠岸身上，有著早年苦難的人格基因，以及為熱愛詩歌不顧壓力的奮筆精神和堅強意志。左右他全部思想的是「詩」，他的詩總是純粹的抒情，一路走來，肩上始終是沉重的；但他不怕憂鬱症的困擾，也決不放棄對詩歌的追求。

　　我喜歡下面屠岸這首詩的原因大體有三：一是這首詩不同於西方古典的藝術理念，也不同於時空錯位的超現實主義手法。在更大的程度上，他延攬了中國古典詞性、景物的意象觀；比如把窗櫺、晨曦、藍月、落花、幽徑、月斜、日晞的意象經過改造直接引入了詩中。就連素白的窗簾色彩，也確立了自我基本簡潔單純的浪漫風格。這一點，在他的這首〈露臺下的等待〉得到了印證：

　　　　密林深處的露臺上，緊閉著窗戶；
　　　　窗內有燈光搖曳，人影依稀。
　　　　夜風中素白的窗簾輕輕地飄舞；
　　　　窗戶和窗簾遮不住一聲聲歎息。
　　　　燈光遊移著，金色的波紋漾起：
　　　　窗櫺 ── 畫框，呈現出天使的淺笑；

露臺 —— 畫廊，托舉出炫亮的晨曦；
難消的溫煦溢向林間的小道。
為什麼不打開窗戶，把彩夢擁抱？
為什麼不走上露臺，把憂思傾瀉？
藍月漫移著樹影，腳步聲悄悄 ——
窗戶緊閉著，歎息如落花萎謝……
獨自在幽徑徘徊，從月斜到日晞：
等待著目接露臺上天使的凝睇。

　　　　　　　—— 摘自《屠岸十四行詩》

　　其次是這首詩更典型地反映了屠岸對藝術繼續延伸的可能性和人格精神，也見識到他如何將愛情形而上的巧思揉合到作品裡，創造出超凡脫俗特質的愛情。他發出來自繆斯的聲音，彈出哀傷的和絃，更揭示了詩人如何讓愛情在無常的幻化中，得以恒久不變，這也是屠岸思考愛情這個課題時的重心。

　　最後是詩節的開端可以感受到戀人間渴望相會的潛在意識，以及對愛情的殷切期盼。詩人創作時的心靈是在單純之中開始出現豐富複雜的意象，如望盡的露臺，並賦予更為清晰明確的人影，將其憂思轉化成天使的淺笑。屠岸把愛情神秘的元素，那無法捕捉，卻又縈迴心頭的意象，表達得如此純真與堅持，並企圖昇華為對愛的虔誠之心。然而，愛人的猶豫與不確定感，參差其中，更強烈地表達了他對愛人隔窗遙對的傷悲。詩人創造了一個類似羅密歐與朱麗葉的場景，讓中國文化及西方愛情典故結合在一起，將心靈的樣貌描繪

出來。我可以感受到詩中那種愛情光芒中的寒冷。因為，詩情越癡越妙，而詩美就是愛。

三、美感與賞析

　　從詩中的轉折，屠岸設計了一個想像是真實而永恆的畫面。密林中的露臺、搖曳的人影、落花的幽徑…形成了和諧統一的結合。可以看出，屠岸如何用洋溢的浪漫詩風，借助中國古典詩詞的修辭與妥適性，延伸表達出想像中「愛情」這個主題。此詩劇情染上哀傷的氣氛，也可以發現屠岸內心的情感與外界的詩境，得以相互激盪、影響。屠岸把想像視為一種發掘潛意識的過程，而他所關心的愛情的本體，是勾勒出愛情 ── 憂愛悲喜 ── 的種種投影，也特別豐富感人。

　　到了最後一個詩節，屠岸仍想昇華他難以企及的追求目標 ── 亦即愛情，讓心中的愛變得不朽。他把可以超越世俗眼光的浪漫之愛這個追求加以提升，進入繆斯的殿堂。因此可以這麼說，這首詩一方面充分表現屠岸對浪漫美的嚮往，另方面，也傳達出屠岸對愛情主題的執著情緒。

── 2010.4.7 作

── 臺灣《秋水》詩刊，2011 夏季號

美感的視野與境界
—— 試賞魯蛟的詩集《舞蹈》

視文學為至愛

　　魯蛟〈1930-〉，本名張騰蛟，山東省高密縣人，行政院新聞局主任秘書退休，曾獲第一屆國軍文藝短詩獎、十六屆文協文藝獎章〈詩歌類〉、文化建設詩教獎等殊榮。作品多次收錄於國文課本、大學國文選；著作以散文、詩集居多。

　　魯蛟有平和睿智的外貌，才氣風發。他的詩表達的是對大自然的審美、喜愛生活之樂、對社會百態的所思及追求真善美的決心。魯蛟也是我所尊崇的詩人，他的生命是架構在兩條軌道上：一是忠於自己的理想、永不疲倦地全心投入，為文學創作而活，將之當成上天的賦予；另一個則是樂觀進取的精神、不斷超越的創作力，要求寫出忠實於生活的本質的人。詩人對自己走過的路和未來要走的路都能了然於心，從詩的肌理到筆觸的力道及所散發的個人氣質；顯然地，魯蛟確實掌握了寫詩的基本要素，這本《舞蹈》中的每首詩都足以使讀者縈懷。

將詩歌藝術推向極致

　　魯蛟的詩，早期即已顯示出他喜於觀賞自然的基本走向。比如在他筆下的〈孔雀〉有著一種詩藝與生命俱進的呈顯，畫面鮮活的美感與親切的人間性：

> 一如世間眾生
> 各有其心愛的所嗜所好
> 而我們
> 不論忙或閒　總是
> 喜歡為林野彩繪圖案
> 習慣替大地佩戴襟花

　　孔雀是世上最美麗的鳥類之一，有綠孔雀和藍孔雀。雄鳥羽毛是寶藍色，尾羽延長成巨大尾屏，富有五色金翠錢紋的金屬光澤；開屏時如彩扇，極為豔麗。全詩雖沒有什麼晦澀、曲折的哲理，而其中所呈顯的歡愉純粹而感動，猶如孩童般的喜悅與豐足。我們看到詩人對孔雀的歌頌，仍以回歸到自然，作為孔雀生命中最終的歸宿與完成。他為這個紛擾的人生，提供了另一個多彩而不喧嘩、靜謐而神思的空間。至於對世間眾生暗含的執著與慾望的變化，更是看似簡筆下，產生東方藝術美學的特殊境界與修為的表現。

　　再如〈閱讀〉，魯蛟通過巧妙深邃的構思，不但生動地反映出閱讀的歡快心情，而且深刻地揭示了潛伏詩人崇高的精神境界：

> 眼睛的刈割機
> 在熟透了的冊頁田畝上

> 收割著穗粒豐盈的莊稼
>
> 心靈的倉庫裡
> 便有米穀湧動的聲音
> 輕輕響起

　　基調是優雅、明朗的，詩人對農家生活有著敏銳的觀察力，豐富的生活累積；也有較深的學養及想像力，其意境相融之美是十分顯然的。魯蛟對閱讀的樂趣中，帶有一定的喻意。他提倡我們須把書融入生活之中，在在顯示了學習的重要性。唯通過閱讀，才能鞏固思想的基礎，才能體會滴下汗珠的人，也必能獲得心靈豐碩的感覺。由此可知，詩人不曾隱逸自得而荒廢閱讀，反而以澄明的智慧，勤於手繪自己絢麗的人生。

　　〈梯田〉從藝術上看，言簡意賅。所描繪的那綿延而微曲的梯田，恰似爺爺額上的皺紋；既有真情，又有形象，正好可以襯托出詩人懷念爺爺的熱烈情懷：

> 層層疊疊的
> 順著山勢迤邐而上
>
> 爺爺的生命像山
> 額頭上也有這樣的梯田

　　這是詩人誠摯情懷的抒發，思親的內涵無形中便延伸了，引起了讀者更豐富的聯想。而一開始以層層疊疊的重復、交替意象，渲染了山中清幽靜謐的氣氛，給人造成一種祥和縈迴的旋律感，這恰恰是詩人對爺爺的懷舊和要為歲月的痕

跡留給讀者永生難以忘懷的緬想。詩人已融入一己深厚的情感，筆觸細膩，使詩情與意境的表達形式層次鮮明感人。

再如〈五色鳥〉並不是瞬間視覺藝術的感受，或詩人的閑情逸趣；而是具有更大典型意義的理念：

> 枯樹因為不能繽紛而寂寞
>
> 我這彩球般的站立
>
> 便成為開在乾枝上的
>
> 花朵

全詩已超越了詩歌所直接鋪陳的範圍，色調是浪漫、凝重甚至是給人感到有一種內在的節奏，思辨哲理色彩加強，卻能凝聚成一種單純的美。暗喻樹走過了從前，走過了歷史，它所經歷的風風雨雨，如今都已過去。一棵枯樹正期待舒展它的枝椏，喜歡在枯木樹幹上鑿洞築巢而居的五色鳥，牠斑斕的身軀，卻拂去了人們的失意。一切都在自然的激勵之下，讓詩人一時停頓的思緒，又再度構思更新的藍圖，把自己推向更高遠、更廣闊的境界。

最後這首近作〈曲直徑〉，是首哲思的四行小詩，其所抒發的是對美好理想的追求，更是對於為真理而勇於向前的禮讚：

> 河流甘於彎來彎去
>
> 是在鄭重宣告
>
> 我可以忍氣繞道
>
> 卻無法阻擋去路

詩人告訴我們，河流所擁有的，是具有不畏艱難的傲骨，而不是讓自己因阻礙就停止前進的弱者。愈是高瞻遠矚的

人，愈懂得包容外在環境的阻厄。我們為學做人的態度也一樣，須「虛懷若谷」、「包容」。因謙遜，能伸能屈，才能像河流永遠前進，不受險礙的阻絕，走向充滿挑戰的未來，一路高唱昂揚的歌。

直樸率真的逸筆風範

魯蛟詩歌其藝術語言是札根於民族文化土壤的，這本《舞蹈》是繼民國 84 年出版的《時間之流》後，他在 14 年中，寫了 270 餘首詩作。其中，2002 年由香港銀河出版中英對照的《魯蛟短詩選》後，直到今年二月才出版的新詩集。比起他的散文著作少許多，但魯蛟自序上說：「詩，仍然是佇留在我的生活中，遊走於我的筆墨間；它，仍然是我散文作品中的重要養分。」

我很幸運讀到他贈與的詩集。細細品讀，魯蛟的詩如其人，胸羅逸氣，高遠澹泊，落筆有過於人者。無論散文或詩歌，其表現的手法，可以看到詩歌藝術達到的高度。魯蛟認為，他長期不放棄寫詩，是因為詩人要用詩，解說黑白，鑑定真理。用詩，宣示他活著的理由。他一生平淡，是非分明；特別是鍾情於文學與詩歌的創作，這也是魯蛟對愛鄉土的執著與歷史使命感的勇者象徵。相信經由此書，將有助於我們理解魯蛟對詩歌關懷的意義與用心。

魯蛟著作書目：

1. 海外詩抄　魯蛟著　臺北市　黃埔出版社　民國 49 年
2. 菩薩船上　魯蛟著　臺北市　臺灣商務印書館　民國 57 年　內版臺業字 013 號
3. 一串浪花　魯蛟著　臺北市　東海出版社　民國 60 年　局版臺業字 1566 號
4. 向陽門弟　魯蛟著　臺北市　東海出版社　民國 60 年　局版臺業字 1566 號
5. 一年五季　魯蛟著　臺北市　黎明文化事業公司　民國 61 年　局版臺業字 1979 號
6. 鄉景　魯蛟著　臺北市　水芙蓉出版社　民國 65 年　局版臺業字 0629 號
7. 海的耳朵　魯蛟著　臺北市　聯亞出版社　民國 65 年　局版臺業字 1356 號
8. 我愛山林我愛原野　魯蛟著　臺北市　聯亞出版社　民國 66 年　局版臺業字 1356 號
9. 張騰蛟自選集　魯蛟著　臺北市　黎明文化事業公司　民國 67 年　局版臺業字 185 號
10. 繽紛季　魯蛟著　臺北市　水芙蓉出版社　民國 68 年　局版臺業字 0629 號
11. 鄉野小集　魯蛟著　臺北市　林白出版社　民國 69 年　局版臺業字 883 號
12. 原野之歌　魯蛟著　臺北市　聯亞出版社　民國 70 年　局版臺業字 1356 號
13. 青青大地　魯蛟著　臺北市　聯亞出版社　民國 70 年　局

版臺業字 0629 號

14. 走在風景裡 魯蛟著 臺北市 水芙蓉出版社 民國 73 年 局版臺業字 0629 號

15. 墨廬雜記 魯蛟著 臺北市 鳳凰城出版公司 民國 73 年 局版臺業字 1305 號

16. 綠野飛花 魯蛟著 臺北市 黎明文化事業公司 民國 77 年 圖書目錄 812063〈77〉

17. 溪頭的竹子 魯蛟著 臺北市 文經社 民國 78 年 ISBN 957-9208-26-3

18. 時間之流 魯蛟著 臺北市 聯亞出版社 民國 84 年 ISBN 957-99571-4-2

19. 結交一塊山野 魯蛟著 臺北市 文經社 民國 90 年 ISBN 957-663-311-7

20. 魯蛟短詩選 魯蛟著 臺北市 香港銀河出版社 民國 91 年 ISBN 962-475-143-9

21. 筆花 魯蛟著 臺北市 秀威 民國 99 年 ISBN 978-986-221-591-3

── 2010.4.16 作

── 刊登臺灣"國家圖書館"《全國新書資訊月刊》第 143 期，2010.11，頁 52-55。

詩中見風骨
── 商禽詩的意象表現

用詩藝開拓美的人之四

一、其人其詩

　　商禽〈1930-〉，生於四川珙縣。16 歲起從軍，顛沛流離，20 歲隨軍來臺後，38 歲陸軍士官退伍。一生詩作數量不超過兩百首，任編輯、碼頭工人、園丁、賣牛肉麵；後於《時報周刊》擔任主編，62 歲以副總編輯退休。被譽為 1950 年以後臺灣散文詩的開山者，有「鬼才」之稱。著有詩集《夢或者黎明》〈1969〉、《用腳思想》〈1988〉、《商禽‧世紀詩選》〈2000〉、《商禽集》〈2008〉等五種，另有英、法、德等譯本，曾三度名列臺灣當代十大詩人。

　　第一次收到這本書時，也同時注意到商禽一生滄桑的履歷；對照著他壯闊獨特的風格、超人的想像力，莫不是流露詩人心靈的孤高而已，且每有新的會意。多是描繪自然中的所見所思，有自我風貌、自我氣息，就連用字渾厚創新、絲毫不露鑿痕，亦見風骨。商禽也把美的剎那，短暫變永恆，善於意象的捕捉，直透意識底層的深邃；常帶給讀者一種超

現實的夢境，成為心靈的感動。細讀後，作如是隨感。

二、最純真的超現實想像

　　商禽詩的藝術表現，以及迄今所得到的評論，都有著相當明確的定位。不容置疑地，大多得自於他個人奇倔的格調與詩風亦富力度和氣勢。詩的語言顯得飛動、流麗、縱逸，略具前衛特質，又更像是有深刻的哲思。某些評論家認為，商禽的散文詩作品呈現超現實主義的風格。對此，商禽曾說：「我不是超現實主義者，而是超級現實或更現實、最最現實。」也許，對詩人而言，現實沉重的負擔同時也是締造商禽創作過程中最為充實的元素；負擔越重，詩語也就越貼近大地，越趨近真實。細讀此書，有一種「純粹形式」美的共同感覺力，會慢慢的沉澱在心底。比如〈更深的海洋〉，乃植基於商禽對自然的觀察，是經由對思鄉整體記憶的喚醒中，化為多層次的表現形式，深化了「超現實」派的風格：

　　　　香茅的波浪
　　　　拂湧腰身
　　　　夜是更深的海洋

　　　　星星明滅
　　　　是我們的思想
　　　　浮升在天際的泡沫

　　詩句一開始，香茅的波浪產生了不同於深藍的寧靜、舒朗效果；展現出詩人對色彩協調性的掌控。其中浪花拂湧船的腰身，不僅是表達了視覺的語言，傳遞了豐富的幻覺，更

帶動了畫面中的流暢感。而星星時而閃爍、時而隱蔽,反映了思鄉的氛圍在詩人的感性表現中與大海的幽謐融為一體。因此大千世界的自然情景,經由詩人的藝術心靈改造,呈現了一種同情共感的「美」,卻也勾起了詩人望海時的記憶與對浮沉人生的不勝噓唏。

商禽早年歷經戰亂逃亡的跋涉,促使他曾徬徨、無所適從,生活陷於困苦的深刻體驗。隨軍來臺安頓後,再回過頭來執筆創作時,他的詩,常使我們覺得有一股生命存在的悲涼感。比如〈近鄉〉是 46 歲商禽在十二月的韓國漢城所寫,詩人將這些看似無生命的風鈴、殘雪「生命化」了,其關鍵乃在於「近鄉情更怯」之間的有機關係:

> 昨晚簷角風鈴的鳴響
>
> 分明是你叮噹的環珮
>
> 別以為我不知道有人夜訪
>
> 院落裡的殘雪仍留有餘香

人以回憶而有過去,這裡耐人尋味的是,商禽創造了時間性的色彩,使得對祖國家鄉的記憶,毫無保留地傳遞到異鄉的今天。而潛匿在風鈴底下的迴響,或者是異鄉屋外的殘雪,其並陳所透出「激動和沉重的思念訊息」,遂成為詩人對中國山川溪流風雨雲霧的鄉愁來源。商禽以極細膩的詩緒,處之自成一生命空間,還傳達出浪漫的情懷。

再如這首散文詩〈油桐花〉,產生了與以往不同的表現方式,詩中世界有兩個,一是畫面中表現的視覺藝術,另一個是看不見的心靈世界。正因這兩種互補的關係,互相對映,遂營造出高遠的意境:

長在峭壁上的油桐樹，花朵從離枝到落地費時較久；
而向左摺疊的花瓣，墜落時自轉左旋；仰望時，人右
轉，天空暈眩。

花朵緩緩下降，時間慢慢旋轉，在每一朵花蒂著地之
前，世上已發生了許多事件。單我，便曾咳過幾聲嗽，
許過幾次願，並且老了好幾年。

　　我們驟然一看，商禽在油桐花樹下，片段時間所呈現的
現實景緻是最為感人而具有深刻意義的。詩人要表現的是完
全屬於眼前美景的圖象語言：時間快速轉換的視覺經驗、而
尤須具備時空內涵、以及詩人深切感動到自己內在生命的搏
動。詩語儼然是按著它本身的自然法則排列組合，而賦予我
們一種純粹美學的愉悅感受。油桐花在緩緩墜落下，而顫動，
而飛舞，竟而匯為生命周而復始的律動法則。

　　最後這首〈不和春天說再見〉的審美意義，姑且不論詩
人的造詣如何巧妙新穎，其時空意識的本質是心理品質，詩
人因擁有真摯的情操，從而產生真實的「移情」，將春天的
油桐花落，與時空情識緊密結合，珍惜此溫馨的回憶：

怯步於
鋪滿落花的小徑
想著該和春天
道聲再見
突然　又一陣山風
油桐花不斷
迎面飄來

> 有一朵
>
> 剛好吻著我乾澀的嘴唇
>
> 不可說

　　商禽以與〈油桐花〉這具有客家鄉土的花朵，來反映土地與我們的親密關係。其構圖內涵已把握到花的浪漫特質及反映出不忍跟春天道別的思慕。其實商禽的隱逸並非是個性上的退避，油桐花又何止是一種美感的永恆凝聚；它一如詩人剛毅孤高的性格至善至誠的轉化。這裡詩人對油桐花的原始記憶，也恰似其幽美情懷所吐露的芬芳。

三、「生命化」的意象表現

　　基本上，超現實主義〈Surrealism〉其理論背景為弗洛伊德的精神分析學說和帕格森的直覺主義〈Intuitionism〉，是強調直覺和下意識的。其目的是試圖突破合於邏輯與實際的現實觀，將現實與潛意識及夢的經驗相融合，以達到一種超然的真實情境。在藝術上的表現以探索潛意識中的矛盾為主，如生與死、過去和未來等。

　　然而，商禽的詩和超現實主義之間雖有一種相似的默契；但他更注重「生命化」的意象表現。世間一切浮華起伏中，我們從何處來？又該往何處去？在不同的時空裡，當商禽自覺到其存在的價值時，不可避免地，就必須去思索這些人生終極關懷的問題。我認為，生命不但有歷史的向度，更有輪迴替代的特性。商禽一生都堅持走創作的路線是正確的，也是無悔的。他的詩並非只求景物外貌的寫實，同時也在求生命體驗的透視，使詩情既深且長。

　　詩人有很多種，各有一定的評價。這本《商禽詩全集》是當代詩藝中一股美的力量，每一首詩；皆才思敏銳且出之以誠，也提供了讀者一個了解商禽生命旅程的機會。更重要的意義是觀察商禽對當代散文詩、新詩的研究中，不再使人瞥見詩人作品中的情感肌理或對自然自在狀態的欣賞及感動而已，而是一種明確的結論—商禽真實成為中國歷史永遠的詩人。

—— 2010.4.18 作

—— 刊登臺灣"國家圖書館"《全國新書資訊月刊》第 144 期，2010.12，頁 38-41。

詩美的極致與藝術開拓

摘要：詩美意識是形而上的藝術直覺，是以人的靈性去體驗到的一種本原的、悠遠的意境之美；從而展現出詩人獨特的審美理念和藝術開拓。如何凸顯審美觀是新詩發展需要反思其深度根源與現代含義的一項創新的視域。更爲重要的是，也必須揭示出新詩的意象及心理學解，才能昇華當代新詩的審美體驗，藉以反映出詩人的精神本性，探索其內心的情感世界。正是出於此，如何將詩美與藝術聯繫起來，在詩歌創作和鑑賞中，是一個極爲重要的課題。

關鍵詞：新詩，藝術，意象，審美觀

當代臺灣新詩發展的新階段，已經取得了一般公認的、普及性成績。它使臺灣社會和文化方面，都發生了前所未有的變化。在這一變化當中，詩人比較引人注目的發展就是審美轉向，它促使了當代新詩的許多詩論創建。本文把握這些詩作的精神本性，嘗試理解當代新詩的深度根源、價值和影響。

但到底如何反思呢？我認爲從欣賞新詩出發能給我們提供較大的啓示。因爲，當代新詩發展是所有文化現象的歷史縮影。新詩的時代就應有新的思維，更何況真正的詩人將其畢生的心血都投注在藝術開拓上。

　　記得莎士比亞曾說：「詩人的眼。做一種優美狂熱的溜轉，從天一瞥到地，從地一瞥到天；猶如想像，使未知的事物成形出現，詩人的筆，使它們的形象完全。」[1]詩人追求的心靈自由，並非脫淨一切的束縛，而是要揚棄高雅華麗的語言，透過創新的手法，以真樸純粹的語言呈現。美國心理學家巴爾文〈Baldwin〉說：「人類有一種把自己的思想情感加以具體化，而表現到外面的本能，藝術即由此而誕生。」[2]詩的真義例子不勝枚舉，但從中可歸納出一個重要的共通點：即詩人都想開創更寬廣的藝術境界。然而，藝術須要欣賞者，也必須要有形式美〈art of form〉。我們今天就從詩作闡釋的邏輯為起點。藉以領略到詩美的力量是源自於詩人心靈深處的顫動；可以說，理解詩美與藝術開拓的關係是我們研究詩論的起點。

一、新詩的審美觀和藝術的交匯

　　詩美的觀念，是由詩的潛在次序或詩的深層結構的發現。而如何將詩美與藝術的關係日漸密切，甚至合一，這就是在當代新詩發展中的價值所在。於今，將審美觀泛化為詩人的生命本體，最後就變成了一種試圖將詩人作品的情感體驗二度轉換的主張。

　　臺師大陳滿銘教授曾論述：「人類的一切知行活動離不開『思維』，而『思維』又始終以『意象』為內容。它初由『觀察』與『記憶』的兩大支柱豐富『意象』，再由『聯想』

1　張健，《文學概論》，五南，1989 年 6 版，頁 116。
2　張健，《文學概論》，五南，1989 年 6 版，頁 24。

與『想像』的兩大翅膀拓展『意象』，然後由『形象』與『邏輯』的兩大思維運作『意象』，最後由『綜合思維』統合『意象』，以發揮最大的『創造力』」[3]。然而，詩人在創作時，又如何可能去顯示自己的靈魂呢？

　　詩人多信賴直覺，直觀與思維在瞬間的統一，是直覺的基本特徵。[4]另外，我們也可以將這種本質上的問題，由詩作闡釋的邏輯為起點，來探索詩人的藝術真境。比如詩人鍾鼎文在〈風雨黃山行〉即使用了詩美的藝術概念，詩中結尾：「我在風雨的山岬間獨步忽／覺得這盤曲的山路／通向米芾的畫圖中…」這首詩閃現著感性與詩意的光輝，置身其間的詩魂綿邈低回，顯見詩人以清心高雅的姿態尋找飽滿的精神內在，進而激勵出新詩的生命新美學。

　　張默的詩，對廣漠的宇宙常能作知性的探測，企圖感知其生命的永恆價值。比如〈韆韆十行〉的最後一段：「一會兒山，一會兒水／其實並沒有兩樣／不管被拋得多遠，終點也就是起點」詩人體悟到，山水可以啟發人的智慧。有智慧的人都不誇耀自己，我們覺得山水偉大，山水都從來不發一語呢。

　　另外，將審美與藝術結合起來的詩作，如愚溪的〈月光〉最後一段：「看那木蓮樹上的芽苗／枝枝抽的長又長／聽那思親的絲絃／弓弓拉得深又深」別有一種動人心魄的委婉情致，思親之心，就像彎弓拉琴般，既深且長。非馬的〈醉漢〉後段：「母親啊我／正努力／向您／走／來」對一個藝術家

3　陳滿銘，《意象學廣論》，萬卷樓，2006 年 11 月，頁 177。
4　童慶炳，《中國古代心理詩學與美學》，萬卷樓，1994 年，頁 76。

來說，這是首以他切身的體會來說明海外遊子思親之苦的極有高格的詩。另一首〈鳥.鳥籠.天空〉：「打開鳥籠的／門／讓鳥自由飛出／／又飛／入／／鳥籠／從此成了／天空」。則探討這三者之間富於哲理性的關係。非馬的詩清澈明快，極輕盈、雋美。如果，在學與思之間測量一個自由度，那麼，非馬的藝術世界就影射著在他心靈展望中翱翔天際的航線。

再者，綠蒂的〈山雨夜寺〉中：「塵事迤邐如雨，石面淨澄如鏡」，塑造出一種純淨的禪思使我們靜默，他向山水問情，傳達出浩瀚的氣魄與莊嚴，促使我們的精神完全超脫於紅塵的現實而鑄煉出詩人對生命的感悟與悸動。而楊允達的〈美麗的葉子〉中：「再美麗的葉子／也會從樹上飄落／／摘下一片楓葉／且把它夾在書裡／正如你的容顏／永久藏在我心底」。這裡有兩種意涵：一是一種美好的心靈感悟，把楓葉美的視覺變成了思念的容顏，這是詩人的匠心體現。二是透射出詩人真摯情懷與審視現實人生的多變。

方明的〈夏〉詩：「荷香已被蒸得／同夕陽一樣／醉人／然後悄悄的搧動／酩酊的蛙鳴」，詩人建立一種人與自然的對話，而對話的情緒則透過蛙鳴四起被闡釋。凡此等等，皆是詩美的典範。以上這些推動新詩發展的奠基者，其藝術本質的思考，被詩魂聯繫於我們情感狀態的關係之中。

二、藝術確立為詩人人生的最高價值

文藝復興時代的畫家大多認為，藝術具有「愉悅與教化」

的功能。[5]在我喜愛的新詩中，可以發現，當代臺灣詩壇之所以出現眾多的詩人和詩歌流派，形成一片新繁榮，未來必將是多元和異彩紛呈的。美學家狄德羅說：「真、善、美是緊密結合在一起的。在真或善上加上某種罕見的、令人注目的情景，真就變成美了，善也就變成美了。」〈《畫論》〉〈註5〉[6]往昔現代詩的概念雖已喪失其早先的地位，而新的詩藝概念也正應運而生。這就是強調新詩的審美觀已成為一個藝術的獨立領域，無可否認，真、善、美從來都是詩人追求藝術的最高價值。詩美的體驗不僅具有詩人的個性化特徵，而且，它也是詩人對自我本體的深切體驗。

在這樣的背景下，新詩的推進，不斷地以情感回歸為取向，藝術是聯繫作為主體的詩人來規定美。於是，對美或藝術本質的思考被詩人的潛在次序聯繫於詩人情感世界。因之，詩藝是一門獨立的現代人文學。個人以為，詩美的極致是與作為現代藝術的主體性的出現是不可分離的。正因此，新詩的審美觀之所以佔有重要地位，是因為它涉及現代藝術開拓的主體性的問題。而本文略述幾位詩人的作品在在都顯示出藝術是屬於詩人的想像力的創作，處在自由不羈的自然中。

三、結語：未來詩性語言分析路向

當代詩人應承繼起推展新詩的責任，進而將藝術開拓為

---

5 Norbert Lynton 著，《現代藝術的故事》，楊松鋒譯，聯經，2003年，頁 18。
6 陳滿銘，《多二一〈○〉螺旋結構論》，文津，2007 年，頁 273。

詩人的生存、生活的本質。而未來詩性語言分析路向，美學觀念的現代建構將會成爲詩界的主流意識；也將汲汲追求創新的表現。從美學角度的解釋來看，以單純的鑒賞態度去體味詩人的心境，才能從中轉換爲可供愉悅的藝術情感。當詩的意象昇華爲情景交融的意境時，就是詩美的極致，才能追尋到一種蘊藉動人的藝術境界。所以，未來我們對詩性語言的探討愈來愈深入時，所提出的見地也就越來越細膩和深刻。本文是對這一思路的新的發揮和概括，提出了一個詩學觀點作些討論。企圖透過詩美的審視，發現詩的潛在的藝術情感。這就說明，詩人在構思中飽含感情的藝術世界裡，美感總是伴隨著詩性體驗而來。即審美觀的提昇，能間接地喚起詩人的想像、創造力以及其他心理機制，是不容質疑的。詩人也必須貼近自然、精微地體察自然，這將使我們的審美體驗大大地加強，且具有驚人的藝術力量。而我們在賞讀這些詩作時，也能感受到藝術正在開拓的喜悅。

—— 2010.4.21 作
—— 收錄於《2010 世界詩選》世界
詩人大會第 30 屆會員大會論文，
2010.12.02 於臺北會議廳發表。

The Ultimate Aesthetic Qualities of Poetry and the Expansion of the Realm of Art

── Lin Mingli

Abstract: The awareness of the aesthetic qualities of poetry is connected to one's artistic intuition, which is metaphysical. It is a spiritual taste of the original and remote beauty in the poem, revealing the poet's unique aesthetic understanding and his effort on the expansion of the realm of art. How to highlight the aesthetic standard of free verse during its development and find its origin and current significance has become a new area of innovation. Since the appreciation of the aesthetic qualities of free verse can be raised into a higher level only by the revelation and the psychological interpretation of the images in the poem which reflect the poet's spiritual nature and inner emotion, it becomes a crucial research subject to clarify how to connect the aesthetic qualities of poetry with the poet's effort on the expansion of the realm of art in the appreciation of poems.

Key Words: Free verse   Art   Image   Aesthetic Standard

The current development of free verse has got some well-known and widely-acknowledged achievements in Taiwan. In the process, the change of the poem's aesthetic standard is quite noticeable, and it causes the establishment of the poetic theories on contemporary free verse. The source, value and influence of contemporary free verse are explored in this paper with the consideration of its spiritual essence.

The appreciation of free verse can give readers some inspirations on the expansion of the realm of art because the current development of free verse is the historical reflection of social and cultural phenomena, and free verse should bring up new thoughts. A real poet is always making a great effort to dedicate himself to the expansion of realm of art.

Shakespeare once said, "The poet's eye, in a fine frenzy rolling, doth glance from heaven to Earth, from Earth to heaven; and as imagination bodies forth the forms of things unknown, the poet's pen turns them to shape, and gives to airy nothing a local   habitation   and   a   name;   such   tricks   hath   strong imagination." The spiritual freedom that a poet pursues is not a simple shaking off the constraint, but a representation of such freedom through creative methods and simple and pure, rather than elegant and gorgeous, language. American psychologist James Mark Baldwin said that human being has an instinct of specifying and showing his thoughts and emotions. [5] That is the production of art. Among countless discussions about the essence of the poem, one thing in common is that every poet wants to expand the realm of art in existence. Art must be appreciated and have its form. In the following of the paper, the inspired poets themselves, as the source of the beauty of poetry, are revealed based on the interpretation of their poems. It can be said that the understanding of the relationship between the beauty of poetry and the poet's effort on the expansion of the realm of art is the start point of poetics study.

1. The convergence of the aesthetic standard of free verse and art

The appreciation of the beauty of poetry relies on the discovery of a poem's underlying order or deep structure. How to associate the beauty of poetry with art, or even combine them together is quite essential in the development of contemporary free verse. Nowadays, the aesthetic standard has been generally considered to be identical with the poet, and then in writing a poem, such standard asks the poet to re-depict his emotional experience.

Professor Chen Manming of National Taiwan Normal University once said: "Human being's cognitive and practical activities cannot be carried out without 'thought', and 'image' continuously is the main content of 'thought'. 'Image' is made up of two pillars: 'observation' and 'memory', extended by two wings: 'association' and 'imagination' and controlled by 'comprehensive thought' to exert its ultimate 'creativity'. " However, how could a poet show his soul in the making of his poem?

Poets usually trust intuition whose basic characteristic is the momentary unification of vision and thought. When approaching such an essential question, we can start with an interpretation of the logic in poems, exploring the artistic fairyland of the poet. The poet Zhong Dingwen applied the concept of the aesthetic qualities of poetry to his poem "A Tour of Mount Huangshan in a Windy and Rainy Day". At the end of the poem, he wrote: "I walked alone in the valley in a windy and rainy day, / Suddenly realizing the tortuous path / Leading me to Mi Fei's painting ..." This poem reflects great sensibility and poetic flavor, and the poet's spirit lingers endlessly in it. It becomes quite obvious that the poet is seeking for a meaningful spiritual life with a peaceful and decent attitude. New aesthetics for free verse can be generated under such circumstances.

In Zhang Mo's poems, the poet makes intellectual explorations of vast and bare universe in attempt to discover life's everlasting value. For instance, in the poem "Swing, a Ten-line Poem", he wrote the following content in the last stanza: "We see now a mountain now a river, / But they make no differences. / No matter how far the swing throws us, / The destination is also the start point." The poet finds that mountains and rivers can enlighten people, making them wise. Wise people are modest, and they are like mountains and rivers. People honor the greatness of mountains and rivers which keep silent all the time.

Some poets combine the appreciation of the beauty with art in their poems. For instance, in the last stanza of the poem "Moonlight", the poet Yu Xi wrote: "Look at the sprouts of the Ford Woodlotus. / The new one grows longer than the old one. / Listen to the homesick man's performance of Erhu. / The recent strike of the bow lasts longer than the one before." An indirectly expressed moving emotion is floating in the poem. The performer's missing feeling of his family members goes like the performance of Erhu, which is continuous and full of emotions. In the last stanza of the poem "A Drunken Man", the poet Fei Ma wrote: "Oh mother! / I am trying to/ Walk / Toward you." Based on his own experience, the poet wrote this meaningful poem to illustrate the homesick feeling of the overseas Chinese. In another poem "The Bird, its Cage and the Sky", Fei Ma wrote: "Open the cage's /Door/ To let the bird freely fly/ Out/ And fly / Back. / The cage / From now on becomes / the sky." The poet discussed the philosophical relationship among the three objects. Fei Ma's poems are simple, clear and beautiful. If we measure the freedom in existence between learning and thinking, we can find that the spiritual navigation line guiding Fei Ma is reflected in his artistic world.

Another example is the poet Lu Di's work "A Sojourn in a Hill Temple in a Raining Day". He wrote: "Secular life is like the continuous rain, and the surface of each stone step of the temple is as clean as a mirror." The Buddhist meditation reflected in this poem is pure and makes the reader silent. The poet seeks for emotion in the mountain and river. This serious gesture not only shows the poet's great courage but also spiritually makes the reader go beyond secular life and moved by the poet's comprehension of life. Another poet Yang Yunda wrote this in his poem "Beautiful Leaves": "Even if the most beautiful leave / Has to fall from the tree, / Pick a maple leave / And lay it in a book / Just like keep the image of your countenance / Perpetually in the bottom of my heart." These lines have two implications: It first implies the poet's spiritual inspiration with which a good-looking maple leave is compared as the countenance of a girl whom the poet is missing. Through this comparison, the creative power of the poet is revealed.   It then implies the poet's genuine feeling and the fact that the poet is observing the changeable human life.

For more examples, we can have a look at Fang Ming's poem "Summer". He wrote: "The fragrant smell of the lotus has been steamed / As intoxicating / As the sunset, / And then it secretly fans / The drunk croaks." In this poem, the poet starts a conversation between human and the nature, and its tone is showed in the croaks. All the poems above and the like are typical poetic examples which can show the aesthetic qualities of poetry. These writers are the promoters of free verse. Their consideration of the essence of poetry is connected to the reader's emotion through their effort.

2. The establishment of art as the most valuable object in a poet's life

Most of the painters in the Renaissance believe that art can be joyful and didactic. On the commence of the 30th World Congresses of Poets, the development of contemporary free verse is prosperous in Taiwan, and readers can find many joyful free verses. New poets and schools of poetry are emerging in Taiwan, and their future definitely will be diversifying and colorful. The esthetician Diderot once said: Truth, goodness and beauty are closely associated. Truth and goodness will all become beauty if something rare and attracting is added to them. The old concept of free verse has lost its previous prestige, but the new one is emerging as the time requires. The study of the aesthetic standard of free verse has become a separate branch in the study of art. It cannot be denied that truth, goodness and beauty are the most valuable objects that poets have been pursuing. The aesthetic qualities of poetry can show a poet's personality, as well as his own experience as a human being.

In such background, the development of free verse should hold poetry's emotional appeal for readers as its priority. Since the poet defines beauty through art, the consideration of beauty or the consideration of the essence of art are unconsciously connected to the poet's emotional world. Because of the reasons above, the art of poetry is a separate branch of humanities. In my opinion, the ultimate aesthetic qualities of poetry are inseparable from its roll as a main subject of modern art. The aesthetic standard of free verse is important because it is concerned with the expansion of the realm of modern art. All the poems cited in this paper show that art is created out of the poet's the imagination and art should be in its natural and unrestrained state.

3. The future direction of poetic language

The 30th World Congress of Poets hosted in Taiwan continues to promote the development of free verse and takes the promotion as its responsibility. The congress will regard art as the essence of a poet's life, and its ultimate goal is to stress the emotional experience the poet gives the reader and honor what the poet does. As for the future direction of poetic language, the contemporary construction of the aesthetic standard will become the main stream of consciousness in poetic world and a manifestation of the poets' pursuit of innovation.

According to aesthetics, readers should appreciate the mood of the poet reflected in the poem with the pure purpose of appreciation. Only in that way can the entertaining artistic emotion in the poem be revealed. When the image of a poem changes into the artistic conception which is out of a blend of feeling and setting, the ultimate aesthetic qualities of poetry and the touching artistic state hidden in the poem are therefore found. As our discussion of poetic language goes into great details, our understanding of poetry will become detailed and profound. Based on these ideas, an attempt is made in this paper to further develop and generalize the theories mentioned above and to further discover the artistic emotion hidden in the poem by the scrutiny of its aesthetic features. When a poet plans to write a poem, he is full of emotions. The aesthetic feeling of the poem is out of his poetic experience. Thus undoubtedly, the raise of aesthetic standard can indirectly evoke his imagination, creation and other psychological feelings. At the same time, the poet has to come close to the nature and observe it in great detail, for poems written in this way will broaden our aesthetic experience and have astonishing artistic power.

In recent years, the World Congress of Poets keeps promoting the poetic communication among poets and making contribution to the development of poetry. Its effort makes the new poets feel touched and see the hope. It is certain that one day poets all over the world will be able to convey the essence of poetry between one another, and the joy of seeing the expansion of the realm of art can be felt in its appreciation. The interpretation of the poems quoted in this paper is personal, but it is done with mutual communication among different poets. Those poems are treasures in the history of free verse. We are looking toward to seeing more great poets and their excellent works in the next World Congress of Poets.

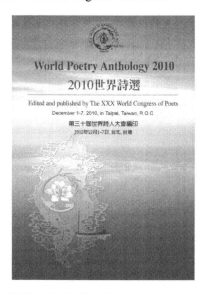

（高文宗翻譯，吳鈞譯審）

（Translator :Gao Wenzong, Supervisor: Wu Jun）

〈吳鈞現任山東大學外國語學院教授〉

—— 收錄《2010 世界詩選》第 30 屆世界詩人大會 2010.12 臺北市舉辦合書論文詩集內

讀《廣域圖書館》

—— 兼述顧敏與圖書館管理的理論與實務

顧敏其人

顧敏〈Karl Min Ku〉，生於 1945 年，畢業於美國芝加哥多明尼克大學圖書館暨資訊科學研究所碩士，為著名的國際圖書館及中文資訊應用專家，臺灣「國家圖書館」館長兼漢學研究中心主任。他在國會圖書館長任內，曾首創「新聞知識管理系統」，將各種異質數位媒體，整合匯入系統，產生多元功能的客戶需求服務。顧敏也規劃「網站圖書館」，完成第一代中文全文法律資料庫及資訊系統，榮獲北美地區華美圖書館協會頒發 1990 年傑出貢獻獎。曾任"立法院"秘書處處長、"立法院國會圖書館館長"、聯合國圖書館協會聯盟常務委員會委員、亞太地區國會圖書館協會會長等，並執教於輔仁大學、世新大學多年。講授：媒體識讀、西文參考、中文分類編目、傳播與社會、資訊科學導論、圖書館國際組織、圖書館採訪學。自 2008 年 8 月 1 日接任臺灣「國家圖書館」第 12 任館長以來，致力推動國際圖書資訊合作及文化交流，讓世界文化資源共享之目標臻於完善。

　　顧敏對於創作，有奮鬥的恆心，也隱含著某種崇高的理想，能從多重角度探討圖書館在不同歷史階段中的變化與前瞻。比如顧敏的書《從傳統到數位圖書館》，內容詳細介紹國會圖書館，如何從一個傳統的小型圖書閱覽室與資料室，在顧敏與館員協力下，促成國會圖書館的立法誕生，也將該館蛻變成為國際公認具有服務活力的現代化數位圖書館。而《圖書館向前行 ── 21 世紀的思維》為顧敏擔任亞太地區國會圖書館協會會長等職務期間，受邀參加各項重要性會議，發表對於數位化時代圖書館經營問題的經驗作法或心得、側記。其涵蓋主題有廣域圖書館、館際合作、圖書館與知識管理、圖書館員的資訊素養和圖書館國際組織活動等；此書的另一特色是，提供 5 個會議報告之簡報檔供讀者參考。

　　2009 年 12 月，顧敏的第八本專書《廣域圖書館—數位圖書館時代的知識文明》，全書涵蓋 8 章，就廣域圖書館論述、網路數位圖書館的註解、圖書館變換化管理、圖書館知識管理、現代化知識領航、圖書館館際合作等方面提出可行的方案及建言。企圖以「廣域圖書館」為新世紀的圖書館命名，為圖書館界與讀者勾勒新世紀的圖書館發展樣貌。由上而知，顧敏的創作及論述在圖書館管理範疇中是無可爭辯的價值核心。他冀望藉由理論與實務的配合，落實新世紀大媒體圖書館的實現，這也是帶引國圖走向世界這一現代性目標中的一環。同樣，他對教學也具有強烈的使命感。對圖書館管理與發展的理想的追求，構成了他創作的潛在的核心主題，這一點在他的著作中表現得極為清晰。

創作的精神歷程及重要論述

（一）推動有特色的臺灣 "國家圖書館" 願景

　　顧敏曾說，一個民族的存在，文明與文化的高度是非常重要的。他身上深具書卷氣質，誠懇、認真，除了積極於專業研究著述及發表外，也熱心參與圖資領域專業團體的事務。雖然臺灣是從 1970 年代開始發展館際合作服務，但一直到 1995 年教育部圖書館事業委員會委託學者研訂「全國圖書館館際合作綱領」，才開始推動圖書館館際合作，以達全臺各圖書館能資訊互助的目的。在顧敏眼中，國家圖書館是「陪伴」各行各業的圖書館，他希望把最具珍藏價值的「古籍」、「經典」等，以複製品或真品方式展出，在館內規劃參觀動線，讓臺灣 "國家圖書館" 能創造觀光的價值及新的精神面貌。

　　唯國家圖書館館藏空間有限，如何將資訊有效數位化，藉以儲存更多資訊、強化檢索效率、空間動線規範等，都是重要議題。他開始著手導入「電子商務」概念，讓民眾計量付費，但仍必須要有免費使用的空間，鼓勵民眾使用。顧敏也勾勒出心中的藍圖，比如提出 1.提升圖書館社會價值、培養高素質圖書館員；2.普及知識消費概念，提供分級化服務；3.推動知識管理、打造廣域圖書館（Metalibrary）等措施。而在他的領隊下，國圖不僅僅是服務某一部份人，提供資訊傳遞轉換的服務功能，它更是在文化、教育、觀光與休閒等方面，成為一種跨文化交流的珍貴寶庫。

（二）《廣域圖書館》論述的交相互應

誠然，在過去十多年來，數位革命最成功的地方，在於統合數位資料、聲音、影像、動畫等原本分立的載體於一種全新的多重載體之上。而網路革命則由原本透過資料庫或資料庫供應系統的體現，所建構成的連線知識服務；不但帶給人類通訊方面的鉅大利益，包括各種的通訊功能，都能應用在不同頻寬的網路之上，而且網路革命也進一步促進了資訊數位化的腳步。

廣域圖書館的理念與實踐這一主題，在精神向度上，仍然是新世紀以來圖書館管理者的現代性夢想的延續。顧敏所關切的是，渴望臺灣國圖與世界同步的歷史性要求，在國際舞臺上，發揮更加重要的作用。因此，在他這本《廣域圖書館》的新書裡，已描繪出新世紀的圖書館景象，這也是顧敏於圖書館實務領域中推行的重要理念。他爲自己製訂了一些計劃與目標，幾乎包含了下述研究的全部，其重要論點，可作爲圖書館管理思潮在研究中的具體表現：

1、數位圖書館的意義：從一個圖書館員的角度而言，應包括數位典藏與數位服務兩項圖書館的職能，缺一不可。因此，圖書館應積極設法將網站圖書館組建成一個多度空間的圖書館服務網，並導入系統化的「圖書館知識管理」模式，完美符合使用者之所需，發揮比以往傳統圖書館更大的服務能量。

2、圖書館的變換化管理：新世紀的圖書館必須面對一連串來自數位革命後，大環境快速轉換所衍生複雜的挑戰性管理，包括：E 化的科學、學習、工作環境、政府部門、以及整個社會的邁向 E 化。因此，顧敏提出「變換化圖書館管理」和「超越傳統圖書館服務」兩項主張，認為這是解決當前文獻處理、圖書館事業、和資訊服務專業所面對的許多核心問題時的兩條新路線。

3、「虛擬實境複合圖書館」及「現代化知識領航」議題：因慮及目前大多數的圖書館都將面臨「複合圖書館」的情境與挑戰，亦即新興的電子圖書館與所謂的傳統圖書館之間的複合。顧敏提出發展「虛擬實境複合圖書館」的新思維，強調將「資訊」、「傳播」、「儲存」結合，就能產生完美的「虛擬實境複合圖書館」。

至於「現代化知識領航」方面。顧敏則強調知識領航是知識管理的後端工程，隨著新世紀的來臨，知識領航工作的系統化、智慧化與全面化，將促使龐大而複雜的人類各種知識系統，在多元多重的運用下仍能精確被使用者立即檢索獲取。

4、圖書館知識管理的變換途徑：就圖書館學門而言，知識管理的實際績效在於知識領航工作的績效。知識領航的功能在擴大 — 不再只是如傳統圖書館中替讀者找到他們所需要的資訊而已，而是直接對於知識創新、知識組織、知識擴散這三個知識管理的核心層面。因此，新世紀的圖書館知識管理則是能量型的知識管理，必須以數學模式的方式，精算出知識的能量，包括：知識的互動性、知識的散佈性、知識

的交叉影響性、以及知識的成長或退化曲線等等。

　　5、新世紀知識管理與知識領航：二十一世紀開始，知識管理變成一種直接的具有生命力的驅動力量，知識管理與知識領航在新世紀中將更爲密切。知識領航工作的系統化、智慧化與全面化，將促使龐大而複雜的人類各種知識系統，在多元多重的運作下，仍然可以有條不紊的尋求出確爲所需，而及時取得的知識及信息。唯有兩者相互配合，才能順利解決資訊暴脹的問題。這也是圖書館學門所面臨的跨世紀挑戰與使命。

　　綜上概述，顧敏對「廣域圖書館」的研究，在充分的學理基礎上，從外國的知識中攝取精華，在圖書館管理思想交流中，激發了顧敏的創作靈感。沒有顧敏工作與教學的辛勞，就沒有顧敏創作的輝煌。由此，我們可以深刻地感受到顧敏創作的研究精神和向著圖書館管理的現代化與國際化奮進的決心。

顧敏：「廣域圖書館」學理的先驅者

　　顧敏在圖書館管理工作與創作上的成就，既是他個人勤奮所學的案例，也是先進國家圖書館學與資訊時代潮流的必然。透過對「廣域圖書館」論述的要點，有利於從新的角度來加深對顧敏創作圖書館學理價值的認識。

　　在信息領域中，知識創新不只是新世紀高端技術得以迅速發展的源頭，也是讓社會信息暢通的重要關鍵。而如何促使「廣域圖書館」理念的實現？個人提出以下淺見：

（一）學科館員制度的有效實施

記得此書裡提及，20 世紀圖書館學大師雪拉 Jesse Shera，針對第一次資訊革命後曾指出：「優秀圖書館員的動機，並非通常所說的愛好圖書，而是愛好真理──無論它在何處，以何種方式出現。知識的終極及於智慧，智慧是全面理解真理的力量──圖書館員專業精神即基於此。」因此，學科館員制度的建立是知識經濟時代知識創新的要求，在知識管理的積極推動下，或可加快「廣域圖書館」願景的實現。

（二）以讀者用戶為中心的價值取向

必須由方便讀者出發的服務取向，加以圖書館管理的人本取向，建立能反映信息的有效管道，依需求性建立舒適親切的圖書館空間。可喜的是，今年 2 月 23 日國家圖書館「漫畫屋」已正式啓用。漫畫屋的空間規劃更是能夠牽引各圖書館在文化創意及數位內容產業上的啓迪指導作用。未來圖書館管理者須將長期以來把數位圖書館的創建、管理、傳遞、和利用等建構，打破其原固有封閉狀態的保守思想；讓用戶可以通過大型的檢索系統來發現信息，以有效地增加其實用性。

就資料的蒐尋而言，速度可以解決「量」的問題，這是肯定的；但是所帶來的成果是利弊各半的。顧敏認為，速度解決了「量」的問題，卻也製造了另一個「量」的更大問題。知識成長或是學術研究，絕不是單單的「數量問題」，「質的問題」更為重要，實為至理名言。筆者以為，蒐尋速度策

略是科技業界追求表現目標之一，在圖書館資訊化發展的表現上越快速，可能因越加偏重求主觀上解決資料蒐尋上「量」的問題，而忽略了追求資料本身具有的那種非物質的、非描述性的、純粹是美的特性，也應被當成是圖書館資訊發展未來應該追求的理想。我們無須在質與量上進行過嚴格的比較，但這些經驗仍將激發感情的要素，在圖書館資訊化的大躍進間，應找得到與其相對應之平衡點。比如將如何呈現美的影像或美的典範，以提供資料穩定與安全性、隱私性或智慧財產權保障等因素為策略之考量。

目前臺灣圖書館學科相關研究正處於形而上學階段，譬如圖書資訊學系前稱圖書館學系，發展方向由圖書服務轉向圖書資訊服務，所學習的課程內容包括了圖書資訊服務、知識管理、數位典藏、數位學習、Web2.0 等。相較於具有獨立學科意義的科學，尚有許多努力開拓的空間；其根本原因是對於此學科大多缺乏認知價值及方法理性，去構建參考文獻。依我看來，在全球化的新世紀信息時代，像顧館長那樣積極研究圖書館學領域的學者，常能帶給讀者啟迪促生新的創作或啟示。他擁有豐富的國際視野、充分的資訊管理經驗、和溫儒的素養，常以數位時代的高度，提出卓越的觀點。而《廣域圖書館》內容的真知灼見，這就更加堅定了他在館長期間與學界的獨特地位。

── 2010.4.29 作

── 刊登臺灣"國家圖書館"《全國新書資訊月刊》2010.06，頁41-44。

人道愛心的自然之鏡
—— 讀醫生詩人徐世澤詩三首

一、其人其詩

徐世澤〈1929-〉，江蘇東臺人，國防醫學院碩士，曾任醫院院長，獲教育部詩教獎等殊榮，十一度出席世界詩人大會，周遊六十四國，詩文散見各報章雜誌，現為《乾坤詩刊》社副社長等。著有《擁抱地球-64 國名景掃描》、《健遊詠懷》、《並蒂詩花》〔合集〕及《並蒂詩華》〔即將出版〕等。

做為一個醫師，徐世澤意識到自己可以很容易在周遭找到詩的題材，他將生活環境中所接觸到的平凡角落，賦予詩美的體現，錘鍊出平民美學的藝術風格。他喜歡研究古詩，但不拘泥於傳統；也讚賞新詩的創新寫法，但絕不隨言附和。這種自成一家的精神，貫穿於他一生的創作之中，但可以讓讀者很愉悅地嗅到詩裡所散溢出的芳香，一如高原之松柏。他以其深厚的醫院管理及豐富的國外旅遊經驗，使詩裡產生寫實又情感綿密的效果，尤其對人道的愛心或感事抒懷，特別能洗滌讀者內在的性靈，從而感染了他對自然與土地之情。雖然詩人已逾八十，仍富浪漫的思索，勤於寫作，而所

帶給讀者的啓發，我由衷的感佩，是一個令人尊敬的前輩詩家。

二、詩境開闊豪邁　意蘊深厚

《並蒂詩花》是前年由臺北萬卷樓出版的合集，其中，醫師詩人徐世澤的作品著眼於意念性。不論古體詩或新詩，都是其畢生心血之作，寫法自由、灑脫，詩境豪放開闊；力求樸素地延續詩美的空間表現。而一系列的風景、事物，也表現了掌握一瞬間的美感以及許多細膩、甚而趣味性的哲思。本文選讀其中三首代表詩作，如〈推輪椅的菲傭〉，表現的圖像內涵，正是詩人悲憫的自然之鏡：

斜陽散步醫院的長廊

一雙黝黝而溫順的手

推著一輛輪椅緩緩蹓躂

老人乾癟的嘴問短問長

她豎起耳朵貼近那張嘴

傾聽　他黃昏的憂傷

晚秋的風

吹亂夕陽的影子

她想起了椰樹下的爹娘

此詩一開始，在詩人強烈力求寫真的傾向下，夕陽、輪椅上的老人、菲傭的思鄉情緒皆融入其間。此種投影變爲照顧老人安養的寫真關連性，有如一部當今獨孤老人的圖像史，帶有蒼涼的感覺。這是詩人描繪醫院裡大部分菲傭的心

境想像，也是外勞工作的重要視覺紀錄。可見，抒真情才是
詩的真境。其實，詩人本身是醫師，也曾任醫院院長，對菲
傭的內心是非常理解的，也清楚地知道這位老人在夕陽中等
待什麼。詩人用這種類似動畫手法描繪菲傭的外貌、內心，
甚至輪椅老人的憂傷，便增添了無窮的韻味。

　　在另一首〈空夢〉中，詩人的想像是豐富的，他在觀賞
星斗的同時，不但把它們描繪得飛動起來，而且還具有無限
情趣：

　　　滿天星斗
　　　是銀河公路上的汽車
　　　太陽是橘子
　　　地球是細砂
　　　有人
　　　滿懷征服太空的夢
　　　連橘子都摘不到
　　　那夢終將落空

　　詩人把太陽比喻成鮮甜的紅橘，地球是蘊養的細砂，其
精神境界更為宏闊，有童心，也有一種理想中的固執之情。
他儘可能將詩的音韻和詩的抑揚頓挫緊密地結合，豐富的寫
實性是其特色。詩人鼓勵我們積極勇進，避免空想虛度青春。

　　他的詩鮮明地映射到讀者心中，並且恰到好處的加強詩
美，也給了不務實的人一點反諷。此詩筆觸流暢深富暗示性，
又能提供讀者一個清晰的理念，對身心的發展是極有助益的。

　　〈我願〉，是詩人晚年創作時的心境，細細品讀，詩人
有細緻的一面，也顯現屬於他個人沉凝深刻的思想：

我已蒼老
無法掩蔽額際的憔悴
灰白的落日
將於地平線上消失

我願靈魂憩息於陽明山上
骨灰撒落大屯公園
化作春泥護鮮花美麗
花放花飛
飄擺各種姿態
讓年輕美眷照婚紗留念

　　此詩主要在描繪詩人心智與精神世界，不僅用到個人化的意象，同時也顯現詩人內在純潔的靈魂。當然，裡面還是帶有希望 —— 似乎也暗示自己真正的期待是，能在生平明確地為人類社會服務，讓詩滋潤豐富的生命。詩裡，一切那麼自然平和的節奏，詩人感性地聆聽清風拂過的聲音，但時光似乎不留人。於是，詩人期待自己能化為春泥，享受清風雨露，讓蘊養的鮮花，帶給人類心靈的快樂。其意義不僅在於作為詩學欣賞的導讀，而係對照不同的境遇，每個人應豐富自己多彩的人生，細心呵護珍惜現有的一切。

三、結語：永遠熱愛人文的自然詩家

　　醫生詩人徐世澤筆下所要表達的寓意，主要在於描繪人類的日常經驗，具有卓越的人性光輝。他並不喜歡過於花俏的字語，也不是顯眼的圖像。最重要的是，他為人謙虛、有

雅量，熱愛地球及環保，也熱愛旅遊及人文。詩人一生曾遊歷六十多個國家，也喜歡寫下心得成詩文；作品不但有地域觀，具環保及養生概念，也反映出詩人崇敬自然的心境與學養。他的新詩，沒有浮誇的奇聞軼事，只是以單純和不裝飾的格調創作；直抒心聲，散發出些許幽默諧趣或反諷，融合了詩人特有的溫儒魅力及藝術風格，尤其他熱情的奉獻精神，令人佩服。他不僅是位醫生詩人，同時也是位博愛的儒者，創作時總是全神貫注，與大自然近乎合而為一；總是希望朝完美與和諧的方向發展，其人格蘊涵著堅強不屈的意志力和奮發向上的精神理想，與時空共存。

—— 2010.4.28 作

—— 刊登臺灣《乾坤》詩刊，第 56

期，2010 冬季號，頁 127-130

高曠清逸的詩境 ── 張默

用詩藝開拓美的人之二

張默其人其詩

　　張默〈1931-〉，生於中國安徽省無為縣孫家灣，1949年來臺，隨即加入海軍，42歲以少校退役。23歲時在軍中與洛夫、瘂弦相識，一起合辦《創世紀》詩雜誌已逾50年，現任總編輯。出版詩集18冊、散文集2本，評論6冊，編著20多集，獲中國文藝協會終身成就獎等殊榮。自退休後，他遊歷世界各名景數十國；其間，未曾歇筆或怠慢於創作崗位。他寫詩捨棄了高雅華麗的文字，尤以小詩豪邁明亮、素樸簡潔，有高曠清逸之氣韻，為其特色。

　　讀他的詩集，如見他那永不趨炎附勢、昂揚的奮鬥精神，得以讓《創世紀》繼續地衝創、藝術的巨流不斷地向前奔馳。這位令人敬重的詩家，永遠讓人充滿新奇；主要是他胸懷何等的豪壯與自信！過去為臺灣詩壇辦一份最好的刊物的理想與實踐，有賴於他恆心的支持、不懈不怠；雖然對一個一生奉獻詩壇的人來講倒是百味雜陳。然而，他的詩依然固守在藝術的高塔上，傳達他個人執著的理念。

詩風清逸爽朗　具音樂性

　　張默早期詩作充滿詩意、有現代主義的實驗精神,可以說,他掙脫了寫實主義的枷鎖。在創作上無一味地去模仿自然,而是將自然的真貌以新穎的寫法呈現;彷彿空山溪泉,或涓涓細流,或者奔騰如瀑,或隱,或現。其中,他的小詩獨特之處並不在於捕捉物像或情景於瞬間,而是從詩中建構一種足以和自然互相輝映的影像。當然在創作中的韻腳、措辭或節奏上用心,才能把蘊含的寓意表現出來。他憑著這種凝心觀照與實踐的態度,將自己塑造成一個最徹底的詩藝開拓者,甚至也將詩中蘊含的那股熱望,從容清晰地表現出來。詩韻多帶有一種自如的音樂感,散發出自己充沛的活力,其書法及水墨也表現得蒼勁見長。

　　張默詩歌有的只是對中國家鄉的緬懷、對當今臺灣土地或景物的眷戀;其藝術與哲思下的借物詠懷,有通俗化、也有生活化的深情一面。比如〈內湖之晨〉,這是張默 47 歲時寫的小詩,描繪出自軍中少校退役後住在眷舍,假日清晨爬山的閒情逸致。既有真情,又有形象;這就是詩與各種美術的新格式與音節美的體現:

　　　　一片青翠蜿蜒在我的呼吸裡

　　　　今早的山路顯得特別短

　　　　伴著拾來的松枝

　　　　指點著眷舍盡處偶爾傳來的幾聲雞啼

　　　　噢!天是真正的亮了

　　畫面構圖清新，帶有抒情韻味，色彩柔美。詩人筆下的情景，並不是只有生活的寫實，而是用一種象徵手法，可以隱約的看到詩人表達內心追求簡樸自在的心緒。其美感力源自於和諧流暢的韻律，詩的內涵無形中就延伸了。

　　再如詩人 64 歲時所寫的〈澎湖風櫃〉，是首很有韻味的小詩，係在澎湖時懷念起軍旅生涯而作：

　　　海是一簇簇站立的花朵嗎
　　　風是一縷縷彈跳的瀑布嗎

　　　我的眼眸泳於其中
　　　而忘卻天地之寬之渺之遠之藍之無私

　　詩人選用了近似輕音的節奏，和"一簇簇"、"一縷縷"的譬喻詞，使人感到了那是像玻璃般的碧海延擴到極盡處的低空之上，浪花拍擊雲朵，而驚嘆海之偉大；然後又以孕著清風的涼透舒暢襯托，更添詩情。意在抒發詩人憶及過往的光景，對一個 18 歲就離開故鄉與母親的張默來說，思親情懷一直是詩人常見的詩情；而此詩緬懷大海的情緒也一層層、一片片的漾開了來。

　　67 歲時的張默，發表了一首小詩〈破鞋〉，這首詩除了在韻律上講究外，詩的語言生動、幽默，也運用了意象、擬人、誇張等手法，從而強化了詩的形象感：

　　　一隻烤焦的鱸魚頭
　　　蹲在杯盤狼藉巷弄的一隅
　　　呼呼大睡

　　詩人想像，一只鞋用殘損的身軀摸索著自己的棲息處，

那小巷垃圾堆、零亂的一隅以及他苦難的一生，終於也來到了盡頭；頃刻間，些許的溫暖與回憶一都在它呼睡中划過。詩人把破鞋具像化了，這就比直陳其物更有吸引力，讓讀者也從中體會到一種藝術上的美感。

詩人 75 歲時，在形象描繪、意境設置方面，也創造許多雄渾中的溫柔之作。比如〈坪林包種微笑〉，詩的內容自是讚頌坪林包種茶的芳香，但節奏的鮮明，便給人一種特殊的味覺美：

> 一種特有的異香
> 把我的味覺，輕輕拍擊
> 我，每天每天，捧著它
> 讓舌尖，一直仰泳在
> 水聲喃喃的微笑裡

這首詩，張默以詼諧的口吻、大孩子的心情，說茗茶如仰泳在水聲喃喃的微笑裡，使人也覺得有一種生活簡單就是美的滋味在內；那種淡遠、清幽之感也頗有情趣。近年來，隨著藝術風格和表現形式的各異，小詩的作品色彩紛呈；其中，張默的小詩則別有一番審美情趣在，深受讀者的關注與喜愛。最後介紹張默於 76 歲寫下的〈時間水沫小札〉組詩中的幾首經典之作，其中，第一首：

> 常在我衰老的夢中
> 悄悄翻身的
> 可是那些顛三倒四的兒歌

張默詩的清純美常表現在寫鄉情，生活中也崇尚自然、樸實無華。此詩藉由回憶童年，去尋那遙不可及的夢境，意

象中透露出淡淡的懷傷，給人一種值得回味的親切感受。第
二首，意象精簡，同樣有的是，對家鄉真摯情懷的流露、娓
娓道來的傾訴：「楊柳，輕輕歎息／把孫家灣的三月／／搖
曳得像一陣狂風急雨的腰鼓」此詩寫出詩人的心靈感覺，以
楊柳的歎息象徵著思念故鄉孫家灣之情如狂風急雨的互相觸
動，頗有神韻。最後推介〈時間水沫小札〉中的第 57 首，同
樣是以新的藝術手法，以抒寫對家鄉深厚的愛，但是他卻只
用黃昏的歸帆和駕金馬車趕夜歸兩個具體形象就概括地展現
出來了：

　　　你在響叮噹的八里木板長堤，等我嗎

　　　請輕扶欄杆，把黃昏的歸帆，穩穩抓住

　　　入夜後，我會駕著百合花的金馬車來接你

　　在這裡，張默用 "響叮噹" 的意象，把童年時光回家經
過長堤的快樂情趣折射出來；又入夜後，想像自己如童話般
可以驅車奔回的心，可見懷念之深，但又未見直接說出懷念
故鄉的語言，更耐人尋味。

張默：華文新詩界的歌頌家

　　在當今海內外華文詩歌領域裡，張默的詩不尚說教，豪
邁雋永，無疑對新詩的發展有著極大的促進作用，也提供了
讀者許多寶貴的藝術經驗。晚年也寫了不少旅遊詩，小詩也
具有多彩的意象，耐人咀嚼。他是宇宙間一顆令人仰望的星，
詩裡有他苦難的童年、顛沛流離的青少年時光，從中國到臺
灣，從左營到臺北……一生為《創世紀》詩雜誌而奔波勞累，
卻無怨無悔。但就算到了晚年，他的精神仍那樣振奮、有活

力。

　　英國浪漫主義詩人雪萊（Percy Bysshe Shelley，1792-1822）曾說：「一首偉大的詩篇像一座噴泉一樣，總是噴出智慧和歡愉的水花。」這裡體現了他的生命詩學觀。而張默詩歌的終極目標就是創造一個帶給讀者幸福溫馨的想像世界，他是新詩界理想的歌頌家、傳播家。細讀他的詩集，令人感到清新、歡愉，能展現出他生命的韌度與自信；常以豐富的想像描繪了詩境的真樸畫面。而今年五月出版的《張默小詩帖》，正可看出張默對寫詩永不疲憊的藝術追求與恬淡的心境。

── 2010.5.7 作

── 刊登臺灣"國家圖書館"《全
國新書資訊月刊》第 140 期，
2010.8，頁 39-42 頁。

2009.5.28 詩人節，與張默〈左〉合影

岳樺樹的象徵

── 讀林煥彰的詩〈候鳥過境〉

其人其詩

林煥彰〈1939-〉，臺灣省宜蘭礁溪人。曾創辦《布穀鳥兒童詩學季刊》、《兒童文學家》、擔任《亞洲華文作家雜誌》總編輯、中國海峽兩岸兒童文學研究會及中華民國兒童文學學會理事長等。現為《乾坤詩刊》發行人兼總編輯。已出版新詩、散文、兒童文學、繪畫等著作八十餘種，部分作品譯成多國語文發表及出版數種單行本。曾獲文協文藝獎章、中山文藝獎，洪建全、陳伯吹、冰心、宋慶齡兒童文學獎，澳洲建國二百年現代詩獎章及中華兒童叢書金書獎等。2006 年元月，大陸湖北少兒社出版第三種版本的《妹妹的紅雨鞋》，被列為「百年百部中國兒童文學經典書系」。2008年元旦出版現代詩集《翅膀的煩惱》，同年 2 至 4 月擔任香港大學首任駐校作家。《花和蝴蝶》獲 2007 年臺北市立圖書館等單位聯合主辦「好書大家讀」年度書獎、行政院新聞局少年兒童優良讀物金鼎獎；同年八月臺北「時空藝術會場」邀請舉辦貓詩畫展等活動，獲殊榮無數。

在樹的典籍裏，岳樺是一種只在長白山上才有的樹。記

得初次見到林煥彰時，彷彿看到一種神秘的意志，正影射這樹的靈魂到他身上，那倔強的生命力在掙扎中悄悄地伸長；又或許，它生存的境遇，有道不盡的蒼茫。岳樺，之所以看起來蒼勁而悲壯，正是由於它與山中的那些樹相比，更像是一種抽象的精神。林煥彰早年出身貧困，自 20 歲開始寫詩，迄今已逾 50 年。閱讀其詩，充滿詩美的思辨，有童心、也有音韻感。除了體現出詩人對美好事物的嚮往，也使人清晰地瞭解到他在詩壇的突出貢獻。他的作品，包括童詩、新詩等數十冊，以提供朗讀的詩篇為主。其中，詩的音感抑揚、節奏和所渲染或表現的情緒，詩人都不斷地完成「自我超越」；而他的畫，尤以貓最為傳神，也與詩維持了某種自然的契合。

純真的歌吟　詩思清淨

　　五月四日午后，有如仲夏般燦爛的陽光裏，風是溫煦的，我們高興地參與一場美的盛會。今年中國文藝協會六十周年慶祝大會，於花蓮和南寺擴大舉辦，主持人愚溪博士精心地安排了一連串溫馨的音樂饗宴，受到了在場觀眾熱烈迴響與肯定。場面的歡欣，普徹四方，對每一個文協會員似乎都能感受到一種激勵力量、一種榮耀和希望。其中，由作曲家盧亮輝教授譜曲及林煥彰所寫的詩〈候鳥過境〉，林煥彰用有節奏的語言，通過合唱團及獨唱的歌吟，唱出了候鳥過境來臺，詩人的深深懷念之情，特別暖人心房：

　　　大多數的風，吹過／珊瑚礁岩；／它們來自太平洋，／我們來自陸地。／／不必使用共同的語言，／風吹過／我們在珊瑚礁岩上，眺望／藍天、白雲／

鳥在海上／／大多數的鳥，牠們飛來／牠們在空中／
牠們在盤旋，牠們／在海岸，在珊瑚礁岩上／牠們來
自西伯利亞，／我們來自臺北。／／不必使用共同的
語言，／不必交換，／牠們明天就飛走，／我們，明
天就回家／紅尾伯勞鳥、灰面鵟、我們／都是過客／
／不必有共同的語言，／不用互相猜疑；／天空、海
洋、大地／鳥類以翅膀擁有，牠們展開翅膀／人類以
智慧以愛／擁抱藍天、擁抱海洋、擁抱大地／鳥飛翔
／自由自在

　　首先，詩人以飽滿的情感讚頌這珊瑚礁岩有著純淨的特
殊一面，並以各式候鳥與己對比，延伸自己的想像空間；其
聲音是真誠的、是發自肺腑的，給人印象頗深。詩人用永恆
的真理發現出候鳥的宿命，在人生這個大驛站上，牠們的確
只是個「過客」，詩人也只做時間之流中暫時的主人。這種
感悟，是那樣深邃又空濛；詩人把候鳥夢幻與現實交錯的經
歷描寫得有聲有色，因而呈現出蒼茫又宏大境界的畫面。詩
人也穿插對遨翔於雲天的候鳥發出了由衷的讚美，這是煥彰
自身人格的寫照。最後，詩人也揭示了一個莊重的命題，體
現詩人對人類的愛及關注，這是首具有悲憫之心的人道主義
思想之作。語言自然並以寬大的胸襟為候鳥指出了應繼續飛
翔的途徑，也令人信服。

林煥彰：童心的夢幻詩畫家

　　詩人林煥彰一生鍾愛於詩，耕耘於詩，無倦無悔，如今
已獲得豐碩的成就。由於自幼有過坎坷遭遇，對漂泊過境的

候鳥，一下與自我情感融為一體。這候鳥也是詩人自己的形象，林煥彰自幼清苦，國小畢業後就無力繼續升學。年少時期，曾當過食品加工店的學徒、清潔工、檢驗工等基層工作。一直辛勤奮鬥到了 20 歲那年，因接觸文學才打開了命運的枷鎖。在軍中，加入了中華文藝函授學校詩歌組，遂而開始學習寫作。退伍後，在周夢蝶、沙牧等詩人鼓勵下，開始投稿創作；其間，又師承紀弦、瘂弦、鄭愁予的指導。28 歲時，他和辛牧、施繼善、陳芳明、蕭蕭、蘇紹連等人成立「龍族詩社」。35 歲後就開始專心創作兒童詩，直到今天，他的詩作已有一定的廣度及深度。詩人林煥彰成長的軌跡已是詩壇的典範，也可稱謂是一位樂天知命、愉悅的詩人。在〈候鳥過境〉詩中，我們也聽到了詩人心靈中那以生命與現實世界搏鬥的強音，給人以激勵和思索。他是位童心的夢幻詩畫家，詩人的心早已和大自然的融合中獲得了永恆的自由。

—— 2010.5.8 作

—— 刊登美國《亞特蘭大新聞》報，

2010.07.30

辛牧的詩化人生

一、其人其詩

辛牧〈1943-〉，宜蘭縣羅東鎮人。現任《創世紀》詩雜誌主編。民國 60 年 1 月 1 日，辛牧與蕭蕭、施善繼籌組了《龍族》詩社並發行《龍族詩刊》，主要成員包括林佛兒、陳芳明、蘇紹連、林煥彰、景翔、喬林、高信疆、黃榮村、陳伯豪等十多位，發行了五年 5 個月，共出版 16 期刊物。之後，因經費拮据等因素，遂而黯然停辦。辛牧是個早慧的詩人，從 19 歲就開始發表詩作。由於對《龍族》用情甚深，所以自停刊後，沉寂了 20 多年。在詩友鼓勵下於 1999 年重新出發，繼 28 歲第一本詩集《散落的樹羽》後，於 64 歲時才出版了《辛牧詩選》，係今年五月第 51 屆文藝獎章「詩歌創作獎」獲獎人。

九○年代的臺灣詩壇是以詩來型塑詩的風潮，呈現了新詩的多樣化書寫風貌。提及辛牧，必然會聯想到他那首膾炙人口的詩《塚》：「在月光下發亮的／喔，母親的乳房／我是待哺的嬰兒」此詩把人與天地同體，大地象徵母親，因此，圓塚就像乳房般了。詩中內涵的豐富性，讓詩人聯想到，死亡就和生命一樣自然，它是我們的本然。此時由物象感知而

滋生的心境便形成了意象的有機性組合，這首詩寫於 1967
年辛牧於左營服役時，他將自己的生活體驗化作縷縷詩思，
融匯於月海上美麗的景色，也馳騁在想像之中。

　　辛牧就是這樣用牧草般的觸覺去感知詩生活的，他最大
的藝術成在於意象方面；也可以說，他的詩善於從現實社會
中捕捉形象，能反映出自己的真實心態和情感，成為詩人發
自性靈深處的迴響。他那嬰兒般單純又細膩的思想感情，給
他的詩作注入了浪漫的氛圍；常能使新詩的意象出奇致勝，
更顯飄逸感。有人讚許其瀟灑特兀、有人肯定其人格魅力；
而我細讀其詩行，能感受到他被詩化的人生中的起落。晚期
之作，雖已跳脫年輕時的憤懣與苦悶的思維，但他單純的人
生觀，早已看透世事的無常；因而無不流露出意象的張力，
彷彿隨著小溪靜靜地流淌……如今他的詩不僅在詩藝上享有
一定的地位，且能給新詩界帶來新的體驗。

二、傲然不屈　俠義情長

　　辛牧的詩，沒有虛偽矯飾、沒有空靈漫談。在《辛牧詩
選》早期的作品中常用海、酒、月、雨、花、塚等意象，它
們共同構成了辛牧詩歌藝術的主體、體驗現實世界的詩境；
也映照出其強烈的任俠精神與傲然的風骨在他身上自然地合
而為一。如果說酒的意象主要表現其桀驁不馴的氣概，那麼
詩中的雨、月、花等意象則表現出辛牧情真意切的世俗情懷，
使他因外界浮動的心靈重歸於寧靜。

　　早期辛牧的詩，有一種沉重、苦悶的悲涼感，為生命的
被壓抑而呼吁。酒是辛牧詩中很重要的一部分，它可以遣愁。

比如他 22 歲時寫下〈變形花，1965〉中的一段：「一隻酒瓶／究能搖出幾多陶醉？／當罌粟綻爛／少女的唇爲捨取者張著／一支樂曲流出了幻滅／／」；詩中描繪出以借酒消愁的意象，象徵一個苦悶的男子，經過一段靈魂困阨的歲月，茫然地尋求如何到達解脫痛苦的彼岸世界，是篇淋漓盡致的嘲諷現實之作。

　　比如辛牧 24 歲寫下的〈碑〉：「那是一張蝕滿皺紋的臉／在現實與生存之間／那是一張望著遠方發愣的臉」碑是記載成就、功績或歷史大事的，即使是墓碑也是記載著人一生的光輝。這裡「碑」是什麼呢？是描繪出一個勞碌一生的人，一路披荊斬棘，那凝望遠方、佈滿風霜的臉，無不顯明地刻劃出自己不斷奮鬥的成長軌跡。作者沒有直說，而是通過生動的意象，創造出一種優美的詩的境界。

　　〈飛〉是辛牧 29 歲發表於《龍族詩刊》之作，其中最後一段，道出了詩人想展翅遨翔的雄心，但也有所顧慮、隱憂的詩心：「我們還要／飛，不一定成雙／休息，不一定掉光羽毛」寫這首時，實際是詩人心靈的反光，突出了辛牧主觀情志的感發，有啓悟作用，也使辛牧詩歌意象逐漸呈現出較鮮明的體驗性的現代特徵。

　　當 57 歲的辛牧寫下〈夢〉時，正值人生的轉捩點，退休後，開始全力於《創世紀》編輯工作：「玻璃櫥窗內／一隻展翅的蒼鷺／已過半白的我／猶懷著想飛的夢」詩人慷慨而歌，詩句雖直白淺顯，但已無憂憤的情緒。辛牧也不是花前月下的騷人墨客，此詩不失爲詩人詠志的風格，這就把讀者帶入了詩的境界。在悠悠歲月中，我們都是匆匆過客。我們

唯一能做的，就是坦然面對一切，平靜且珍惜一切。這使得晚期的辛牧許多詩篇不再激昂或苦悶，轉爲沉潛穩重。

比如 61 歲時，辛牧與《創世紀》十多位同仁於花蓮和南寺頌詩錄製 DVD，下山後，寫下這首〈靜中之動—和南寺記事〉：「入夜後／靜如／如來／／不敢妄言／談詩論禪／說天道地／／至於胸口積塊／唯借隆隆鼾聲／轟入大海」在辛牧筆下，和南寺菩薩雕像的莊嚴與靜穆，代表著濟蒼生。儘管在詩中，也有描繪寺裡靜寂的情態，但他對過去種種積怨已能放下，而對未來已懷有良好的願望和信心。此時的詩人心懷坦蕩，且自我幽默一番。在這裡，「靜中之動」代表著是一種擺脫世俗功利紛爭而心有所得的精神超越；這也是詩人返歸心靈自由的真善美境界。

三、辛牧：是奇才自灑脫

綜上所述，最近辛牧對詩創作有深刻的意識與自覺，不斷地以新作品繼續探索人生。《辛牧詩選》，就內在精神而言，它體現了詩人浪漫的特質，乃是辛牧與外在世界碰撞、融合與想像的場域，創作活動就是一段追尋的精神自由與過程的成果。如今，對辛牧來說，詩就是他退休後終身的伴侶，詩就是他的人生。多少年來，詩一直與他榮辱與共。他早期以詩吶喊、以詩暢情，如今，詩歌早已幻化成他生命的主體，不可分割，也努力地創造了他自在的詩化境界。他的心靈早已詩意地棲居於大地、自然萬物，他也用自己的詩化人生昭示著昂揚的生命力，追尋著自己永恆的精神自由。對於這樣的詩人，他傳奇般的經歷，似讓我看到詩心俠義的奇才，爲

臺灣新詩界又增添了絢麗的色彩。

—— 2010.5.11 作

—— 刊登西南大學中國詩歌研究所
《中外詩歌研究》季刊，2010 年第
3 期，10 月。

陳滿銘與《意象學廣論》研究述評

其人其書

陳滿銘〈1935-〉，臺灣苗栗縣頭份鎮人。去年自臺灣師大國文系教授退休後，現為《萬卷樓》圖書股份有限公司董事長、《國文天地》雜誌社社長兼總編輯。專長含儒學、詞學、章法學、意象學、國文教學等。出版有二十幾種專著，編撰十餘冊。曾被遴選入《中華名人大典》、英文版《世界專業人才名典》〈美國 ABI〉、《21 世紀 2000 世界傑出思想家》〈英國 IBC〉等典籍，殊榮無數。

21 世紀意象學研究正蔚為學術上新貴，而融貫《意象學廣論》這部書中層次邏輯與意象系統的核心理念，是作為一種「現代性哲學體系的美學觀」。近 10 年來，臺灣在臺師大陳滿銘教授及其高足仇小屏、陳佳君等的引導下，不但建立了「辭章章法學」等新學科，提供了中國文學研究的精神向度，也把漢語章法學的研究轉向科學的道路，備受海峽兩岸研討會矚目。他們孜孜以求的就是為意象學、辭章章法學構築一個宏大的闡釋框架，期能透過豐富的審美視野與邏輯理念相融和，最大極限地呈現文體的變化規律，從而得出某種結論。

從這個意義上說，作者對意象學的思想模型中，它是有廣義與狹義之別的。這之中，當我們構思或閱讀時，經過觀察、審思與美的蘊釀階段，如何成為有意境的景像的創造，就成為進入文學領域的焦點；而探索《意象學廣論》，就是開始對詩文藝術最高境界的一種探尋。由於思維在經與外界的物象相交會時，有一個聯想、想像的過程，其間可能會發生抽離出「意象系統」；所以，當本身設計其表現技巧的，都屬於「形象思維」，而愈發呈現有關「措詞」等問題。是故，如以此為研究對象的，即為狹義意象學。再者，如以「形象思維」與「邏輯思維」合而為一，繼而探討與「綜合思維」此三方面，如何統和等相關問題，而以此為主要研究對象的，即為廣義意象學。這些思想在當代的哲學或美學等學科研究，既取決於意象學自身的內容，也取決於中國儒家的哲學範疇以及與語文螺旋結構的關係。

審美視野中的意象學廣論

《意象學廣論》涵蓋思想的基本方式，有著深奧的哲學與美學形態，對中國詩歌意象觀念的理解與意象藝術形成了一種鮮明的影響力。中國先賢對詩歌創作常強調情景相融的整體思維，其意象詩學觀，向來都主張「意」與「象」的應合，主客體和諧一致。而此書對傳統詩歌情志的感發、邏輯和思維的闡釋，都有著承載作用。作者論述的重點簡述如下：

　　一、邏輯層次，通常都由多樣的「二元對待」為基礎，經「移位與轉位」之過程與「多」、「二」、「一〈0〉」螺旋結構」之終極統合，形成其完整系統；

這可由《周易》與《老子》等哲學典籍中找到它的理論根源。個別意象擴展到整體意象，以呈現「意象系統」，有的甚至推本於「思維」，加以統攝、融貫；是反映宇宙人生生生不息的基本規律，用以探討其哲學意涵、辭章表現與美學詮釋。

二、「形象思維」與「邏輯思維」為「二」，「主題」、「文題」、「風格」為「一〈0〉」。由「〈0〉一」而「二」而「多」，凸顯的是創作〈寫〉的順向過程；而由「多」而「二」而「〈0〉」，凸顯的是鑑賞的逆向過程。

三、辭章乃結合「意象」之形成、表現、組織與統合而形成的一個綜合體。其中，意象之形成與表現是由「形象思維」加以呈現的；意象之組織是由「邏輯思維」加以呈現的；意象之統合是由「形象思維」與「邏輯思維」和而為一加以呈現的。這些都可以由「多、二、一〈0〉」結構加以統一，形成一個綜合體。」這〈0〉〈風格、韻律、氣象、境界〉之美，統合了「多」〈層次、變化〉、〈二〉〈陽剛、陰柔或調和、對比〉、「一」〈統一、和諧〉所形成的。

四、「意象」是一切思維〈含形象、邏輯、綜合〉的基本單元，原有著「二而一」、「一而二」的關係，藉以形成「思維系統」或「意象系統」。作者用「景」與「景」〈同形同構〉、「景」與「事」〈異形同構〉、「景」與「情」〈異質同構〉的

結構類型為實例，解說甚詳。

綜合而言，《意象學廣論》不僅表現為詩歌的意象營構從古典詩詞開始就一直沿著「意隨象出」的方向展開，也形成一種感物寄興的思維研究模式。另一方面，它自覺地接受了中國文學美學與西方現代美學的表現策略。書中每種研究都能概括出某種規律；每一種實例或闡釋，也都能得出一種結論。而這些意象學進程的經驗描述與邏輯思維，是思想性與審美性的交融與互動。其中第八章，在「意象包孕式結構的美學詮釋」章節裡，作者引用中國諸家美學概論，表達了意象學也追求中國傳統的最高境界的美。這種美的形成都可溯源到《周易》與《老子》的哲學層面，它根植於宇宙的元氣和作者的思維本體。

陳滿銘：結合科學與人文的辭章學泰斗

《意象學廣論》思想是陳滿銘教授在臺師大 40 年教學過程中，經他觀察、分析、研究而得的碩果，也是當代意象論中一個重要範疇。它包括了辭章意象論的寫成和意象與聯想、想像互動論、意象「多」、「二」、「一〈0〉螺旋結構論」以及意象包孕式結構論等共十章論述。此書從文本的角度精闢地以中國古典詩歌實例解析，並印證了作者所說的以「構」連結「意象」成篇的理論基礎，以見它們在辭章上所造成的變化與奧妙。

我很慶幸，由作者手中收到這本書。我們知道，任何一種理論對古典詩詞的闡釋都意味著對既定規律的詩思；意象學也不例外。在 2002 年 5 月的一場由蘇州舉辦的《海峽兩岸

中華傳統文化與現代化研討會》上，中國知名的學者鄭頤壽
教授就在其論文發表中讚許：「臺灣的辭章章法學體系完整、
科學……陳滿銘研究成果豐碩。」而我從書中，深刻地瞭解
到，這位辭章學學者的儒者風範及獨特的思維方式。他一生
都在不斷地豐富自己，對求學問的細審深論，是極有見地的；
但很少人知道，他的古詩也寫得神韻悠然。

　　比如《停雲》詩友選集這本書裡，作者寫下這首〈訪烏
衣巷古址〉：「赫赫烏衣古，尋常屋幾重，橋邊追勝跡，燕
子杳無蹤。」描繪出對詩人劉禹錫的懷古詩情、融合對自然、
社會、歷史的感觸。再如〈舟遊維也納近郊人工湖〉：「輕
舸入迷津，神工歎絕倫。清歌聲不住，漾就一湖春。」描繪
出一幅富有詩情畫意的圖景。詩人以心去擁抱自然，回顧這
美麗的音樂之都，當年於二次大戰期間，遭受戰火嚴重破壞，
戰後更被美、英、法、蘇聯四國共同占領了十年之久。這段
歷史的滄桑，使詩人心物交融，眼前也呈現出人工湖儀態萬
千的風姿。彷彿中，綠樹環遶、維也納清歌餘音綿長……我
們也感覺遠離了塵世的煩囂、見到天鵝在憩息的湖畔。這樣，
我們也就不難理解滿銘老師為什麼是學界的瑰寶了。

　　　　　　　　　　　　　　　—— 2010.05.12 作
　　　　　　　　　　　—— 刊登臺灣省 "國家圖書館"
　　　　　　　　《全國新書資訊月刊》第 142 期，
　　　　　　　　2010.10，頁 90-93。

走入更深刻的詩國

── 江自得《Ilha Formosa》的審美感悟

摘要：本文特著眼於江自得詩國的真、善、美，以《Ilha Formosa》詩篇爲例，藉以探討其篇章意象之表現，以見江自得詩集的審美感悟於一斑。

關鍵字：江自得、史敘事詩、福爾摩莎〈Formosa〉、意象、審美感悟

一、其人其詩

江自得〈1948-〉臺灣臺中人，高雄醫學院醫學系畢業，2003 年自臺中榮總退休，《笠》詩社社長，現任「文學臺灣雜誌社」副社長。曾獲陳秀喜詩獎、吳濁流新詩獎。著有詩集《那天，我輕輕觸著妳的傷口》、《故鄉的太陽》、《從聽診器的那端》、《那一支受傷的歌》、《給 NK 的十行詩》、《遙遠的悲哀》、《月亮緩緩下降》等。

江自得是個有著強烈的民族意識的醫師詩人，他的靈魂深處所觸及的是對 Formosa 過去歷史的那些掙扎的苦痛而感到悲傷，但另一個潛意識又在他心底鼓起翅膀，想躍動著飛翔的慾望。他喜歡懸壺濟世，也渴望著族群間能彼此和平相處；而詩人急於要找回的，正是 Formosa 被殖民年代裡失落

的尊嚴，那就是如何去自我的重建。這本詩集，閃著智慧的光澤，寫得深層感人；也是以文字形成臺灣史敘事詩的一種奇蹟。要完成這部書，的確需要一些超人的勇氣。然而，他卻從容地花費近兩年時間，把它完整地呈現，推進感覺的世界；我們來看看這本書中的描寫力。

二、《Ilha Formosa》詩集意象的真、善、美

自古溯今，對「真、善、美」定義的界定雖不盡相同，然而所蘊涵的邏輯結構卻有異曲同工之處。一般而言，真是美的基源，美以真為內涵，善是美的靈魂主體。本文從綜合詩人思維所涉及的核心之「意」〈情、理〉，亦即其意旨與審美風格，來探索江自得的這本《Ilha Formosa》詩集。它敘寫著 Formosa 的故事，主要是用敘事詩的結構寫成的。對Formosa，詩人以無限悲憫的心情出發，這是一種嚴肅的悲愴。在敘述部份，詩人採用了條分敘寫的結構來統攝。雖然他的詩已為讀者所熟悉，但為了以其篇章意象分析，藉以呈現詩裡蘊含的真、善、美，特引原詩部份精句如下：

　　第一章〈Ilha Formosa〉：在第 4 首裡最後一段：「啊！福爾摩莎，這石門／以抒情的節奏／在時間深處垂釣妳的哀愁／讓昔時飛離母體的悲痛／穿透妳聖潔的愛／回來」，作者意欲表現出 Formosa 過去命運的坎坷，隨著過去種種戰爭後的荒涼，因此捕捉住觸覺的「母體」，來給人沉思、給人反省，讓讀者感受到 Formosa曾承受痛苦的鞭撻；這種交織，是永遠不可磨滅的；也能夠激起我們的感覺。第 7 首裡一段：「岸邊的風

　　「唱和妳的潔癖／一叢過江藤／悄悄伸出纖細的手／輕輕擦拭／妳沾滿塵埃的胸脯」，這裡的意象寫來栩栩如生，同是表現崇高的 Formosa 至上。以隱喻的象徵詩人如岸邊的風，以自我的情意來拂拭 Formosa 身上的塵埃；他的主題仍然是表現悲憫 Formosa 歷史的滄桑情形。

　　第 17 首裡的一段：「嗚咽的溪水在崖壁不停劃著時間刻度／讓妳的夢以最溫柔的流速通過峽谷／讓俯身下來的雲朵回溯神話的上游／虔誠的福爾摩莎啊！／那是妳最最莊嚴肅穆的禱告嗎？」，這裡所表現的主題就是 Formosa 無聲的獨白，祈望它的強而有力的熱能輻射到臺灣子民的身上，化為鞭策向前邁進的動力。詩人藉以強化 Formosa 的堅韌形象，漸次地提振更為澎湃的文氣，並且在末尾用一個反問句收結。第 19 首裡最後一段：「哦！福爾摩莎，在石梯坪／火山碎屑岩層層烙印著／當年菲律賓海板塊上方的火山島弧／撞入妳懷裡時／妳口中叫出的痛／妳心中升起的愛」，意喻時時接受被考驗的 Formosa，必然不懼一時興起的風浪，臺灣土地歷經的辛酸與剛毅交織而成今日的模樣，其自由綻放出來的花朵當然絢麗，Formosa 雖曾苦痛，仍繼續散放光熱，仍然讚頌生命的樂章，令人肅然起敬。

　　第 23 首中的一段：「她那優美的弧形曲線／是剛下腰身的秋天／是古老教堂傳來的蜿蜒鐘聲／是阿美族流傳千年的綺麗傳說／是山與海萬年爭執後的妥協／是回不了家的溪流的綿綿鄉愁」詩人以句句轉進、文氣暢盛。這裡，沒有喧囂，少了繁華與悲涼；還有一股出奇的恬靜。詩句裡有自然的含

銜：我們的先民曾經埋頭苦幹，才能在滿布荊棘之路上，闢出通達自由的地土；才能留下許多美麗的傳說。第 26 首裡的一段：「隆起的珊瑚礁及灌叢間／躍動著五千年前先民漁獵的目光／他們的血液和眼淚／仍在裙礁間流淌／潮水的腳趾間／仍漂流著他們的／海藻的夢」，在視覺的部份中，主要描寫先民漁獵的辛苦，我們必須躍過歷史的洪流，看看先民以血淚建造了心中一艘堅固的船，為航出他們子孫可以安居樂業的山林海洋而繼續守護著 Formosa 的夢想，情感真切。

　　第 35 首最後一段：「從凱達格蘭人千年的歌聲裡／她聽見山腳下，紅樹林已停止喧鬧／噢！福爾摩莎，不要流淚／她知道河水滿載漂流的物慾／她知道出海口即將被絕望阻塞／／噢！福爾摩莎，不要流淚」，對視覺的描寫中，到這裡已完全揭開 Formosa 的神秘面紗；如果沒有先民的開拓精神，那能創造今日的幸福？那有今天豐盛的文明？然而，福爾摩莎，為何還要哭泣呢？是為物換星移，環境生態變遷，令人不勝唏噓嗎？值得我們深思。回顧第一章裡，作者以昇華的心靈，把 Formosa 的美麗與哀愁，正從樸實無華的詩句裡流露出來，而賦予 Formosa 一種無可言喻的美感，這是進步科技無法達成的藝術表現。

　　接著，在第二章〈梅花鹿的悲歌〉單元裡：A.首裡面一段：「妳走到樹林另一端／在水池邊照見自己的倒影—／一片成熟且純粹的風景／滿溢香醇的氣息」，作者選用本土生長的梅花鹿為美的代表性動物，訴說著土地與先民生活中的種種聯想；雖則有浪漫的愛情故事精巧地穿插其中，但詩人把它昇華到靈的境界。這裡，梅花鹿顧影自憐的身影與周遭

芳香的氛圍，可以體會得到，作者創造了愛情與自由，也捕捉了愛情瞬間即逝的感受。E.最後一段：「時間的色彩淡如祖先的一聲輕咳／晚霞在悲哀的天邊燃燒／風中飄飛著許多抽慉的夢」，景色美得實在太過憂傷，其實就是祖靈死亡的具象化；作者鎖定周遭的靜寂無聲來描寫輕咳〈聽覺〉的深刻感受，將先民的困苦內容及思想仍在原來的喻體之中。這種感受是貫穿在作者思維，所以表抒的詩句必然動人，可是又讓人感到多麼的茫然啊！

　　在第三章第 6 首〈石棺裡的巴燕〉最後一段：「伊娜和族人合力把屍體放入石棺／葬在長不出青苔的秋天裡／她的眼淚向著大地深處灑去／像一片片貧血的月光」，這是多麼悲慘的命運的追逐！作者運用了以觸覺所感來描摹聽覺所得，讓這種靜默更是深刻感人。當年平埔族人的哭聲使巴燕的靈魂沉陷於比睡眠還深的地帶；這裡，死亡，揉合著詩意和悲愴，隨波而流，充滿著一種永不間斷的低沉的悸動。第 7 首〈會飲〉裡一段：「檳榔數下／月亮和酸味的米酒對坐／歌舞緊纏山豬肉的芳香／／從跳躍的火中溢出／族人全然的滿足／從劇烈的舞動的肢體迸出／秩序井然的／快樂／憂傷／死亡」，作者即點出了歌舞的歡騰〈聽覺〉，而這種族人間的營火晚會，是極美麗、藝術的；縱然往昔平埔祖先所遺下的遺蹟，已成為作者意識之流不斷地變幻著的一個影子，而我們也似乎參與了這一場盛會。

　　在第四章〈殖民地的滄桑〉，其中，「清國篇」第 7 首〈林爽文的告別〉裡最後一段：「天地啊，臺灣啊／把我的名字塗去／讓我的血液掀起的潮汐／在世界的彼岸靜止／讓

我孤獨地離開自己／把自己埋在自己的悲哀裡」，林爽文故事的背景，也反映了客家族先民在臺立足的艱辛歷程，比福建漳州、泉州客更爲曲折滄桑。據史料研究：林爽文早年隨父來臺，世居大里杙（今臺中縣大里市），因生性豪爽，後來成爲「天地會」領袖。林爽文事變的導火線，係嘉義縣民楊光勳等人因爭產械鬥，而地方官員懲治過嚴，導致事態擴大。乾隆五十一年十一月，官府藉故解散「天地會」、追捕成員，林爽文在幕僚力勸下決定起事，一路打向北部，但因軍紀控管不嚴，成爲林爽文延燒全臺的反清運動。當時桃園新竹一帶的粵籍居民，紛紛組織民兵，以保護地方安寧。次年，清廷指派大學士福康安來臺剿亂，並利用民兵助戰，夾攻林爽文，歷時年餘的民變終於畫下句點。最後，林爽文被俘押送京城處決，而戰死的義民軍則被合葬於義民廟。戰亂期間士紳林先坤、劉朝珍等人，目睹各地死傷慘重，約有兩百多位，原準備歸葬於湖口大窩口，但牛車經過鳳山溪，牛隻竟不肯再前進，經焚香擲筊後，取決將義軍忠骸合葬於現在義民廟後的大塚，這就是枋寮『義民塚』的由來。對於義軍義行，當時清高宗相當感動，爲表揚其忠勇保家衛鄉的客家精神，特頒親筆所寫聖旨－『褒忠』二字。作者寫此詩另一意喻，是爲客家先民不惜以身保家的犧牲，在在都表現了忠義的精神；而讓林爽文死後悵然若失的靈魂裡，存在的孤獨與悲哀，也做了最好的詮釋。

另外，在「日本篇」〈慰安婦阿桃〉第7首裡一段：「巨大的悲傷有時從窗外飛進來／在她慰安的床上凝成一片靜默」，這又是作者描寫悲天泣地的另一幅浮雕，以及慰安婦

悲慘的命運；當時的她們對這個世界是茫然的，有許多悲傷的故事都被死亡永遠埋住了。然而，她孤身地推動著自己的命運的背後，是一場非常壯觀的戰火展覽著戰爭悲壯的戰況。慰安婦原是日本軍對於二次世界大戰徵召的隨軍妓女，但後來演變成在佔領區強徵民間婦女充當軍妓。這些慰安婦來自日本、中國、臺灣、韓國、琉球等東南亞女性。作者筆下的阿桃，正是無言地控訴被戰爭蹂躪的臺灣慰安婦痛苦的心聲，已帶給讀者更為深濃的感傷。

在最後的第五章以一首長詩〈啊，伊拉　福爾摩莎〉作結，其中最後寫出：「啊，伊拉　福爾摩莎／請切記，請千萬切記／燭光的背後永遠躲藏大片黑暗／請切記，請千萬切記／要朝向自己走去／遠離黑暗／遠離永遠的黑暗」，此刻，福爾摩莎已在喧囂之外，令人聯想到一切都彷彿即將墜入燭光的黑暗之中，再期待另一個黎明的到來，讓詩人與讀者的心靈共同接受福爾摩莎的洗禮而流淚。而那種悲愴的感覺，就更深刻了。這就是「美」。

三、結　語

這是作者退休後，隨即於 2007 年底開始撰寫本文，於 2009 年 8 月完稿，今年四月出版的一本兼備知性與感性的詩集。作者擅長以擬人修辭做為突顯主題的表現方式，從自己的創作實踐中領悟和闡釋福爾摩莎的形象，把哲學觀念詩化於詩句中。在江自得筆下，那富有可觸性的形象詩句，常能恰切地體現了詩人傾吐出的縷縷情思，給人予藝術上的美感。如日、月、地球、海洋、先民、動物、傳說中的英雄、

風土等；那大自然的光和浪，應和著時代的感應，激發了詩人的聯想，從而寫下了這熱情而赤誠的詩句。他反映出福爾摩莎的審美風貌，以單純的愛表現豐富的思維，以有限的時間表現無限的永恆來驗證真、善、美的詩國，往往能使讀者產生親切又熟悉的感覺。他在書後記寫下：「閱讀臺灣，讓我謙卑地撫觸到歷盡了被殖民傷痛的土地與靈魂；詩寫臺灣，讓我深刻體認到要以詩的形式去擁抱這島嶼上積累了萬年的歡樂與哀傷，是一高難度的艱鉅工程。」，從這裡可完全體會出來。江自得不僅是位仁心仁術的醫師，也是位勤勉向上、關懷臺灣的優秀詩人。

—— 2010.5.15 作

—— 刊登臺灣《笠》詩刊，第 280
期，2010.12.15

鄭 愁 予
—— 站在中西藝術匯合處的詩人

用詩藝開拓美的人之六

一、追求詩美與藝術的歌者

　　自幼在中國隨世襲的軍職父親征戰南北，受著喜愛中國古詩詞的日籍母親的教育和美國文藝的薰陶又轉返定居於古寧頭海邊追緬先祖的鄭愁予，血液裡早就奔湧著中西文藝的水流。在當代詩壇上，詩人的作品不論早期或現在，始終具有一種強烈的浪漫色彩，並將感情和思想濃縮於新奇的意象中，且取得卓越的成就。這位籍貫河北省寧河人的大詩人，生於山東濟南，抗戰時期隨父遷徙來臺，成長於新竹。中興大學法商學院畢業後，在基隆港務局任職；卻於 37 歲選擇遠赴美國愛荷華大學進修，獲藝術碩士學位，並長期任教於耶魯大學。迄今著有詩集十餘本，其中，《鄭愁予詩集》被臺北《聯合報》選出 50 年代的 30 部經典中，名列前茅。曾獲青年文藝獎（1966）、中山文藝獎（1967）、中國時報「新詩推薦獎」（1968）及臺灣「國家文藝獎」（1995）、第 19 屆金曲獎傳統暨藝術音樂類「最佳作詞人獎」。

　　鄭愁予詩歌優雅，音律柔婉，能賦予愛情堅貞的意象，並捕捉到東方美學的內在蘊藉之氣。就他本人的美學思想，歸根究底是崇高人格的產物，又或許母親的影子也影響了早期詩作的形象性。他個性豪爽明快，有冒險家的堅持、也有仗義而行的遊俠傾向及飄泊宇宙的人生觀。這一切應與他身上流著延平郡王鄭成功第 14 代後裔子孫的血相關，也是詩風崇尚自由不羈的藝術風格、眉宇英氣又無限超越世俗的根本原因。在詩人特兀的靈魂裡所追求生命的韻味，也常能激起無數讀者探究詩人的熱情。

　　依我的揣測，鄭愁予的美學思維受其母親影響頗深，它扎根於中國古典詩詞的深厚土壤中，又移居美國 37 年，廣泛地攝取西方文藝的精華而攀上詩藝界的高峰。然而，為了尋根的夢想，他義無反顧地打包回國並遷移入金門縣金城鎮。但詩人並不滿足於「抒情詩大家」形象的塑造，而是期望解脫先祖曾是海盜名銜的鎖鏈，讓祖先的靈魂獲得了自由。他為此理想而四處奔波、執著地投入精神、無怨無悔。如果說，今年已 77 歲的詩人的晚年是他為實現尋根的理想而必須去經歷的一段人生過程；那麼，加諸在他身上的壓力則是他多年來背負先祖的歷史十字架。鄭愁予從 15 歲起寫詩，就是現代新詩的倡導者和實踐者。他的自由詩形式不受局限，但十分講究內在的節奏和音韻，讀來琅琅上口；有一種清新、淡雅之氣。從以下介紹的詩中，可以看出詩人美學觀與中西文化交匯的熔鑄冶煉之功。

二、詩意唯美　超塵絕俗轉

　　鄭愁予是個早慧的詩人。他寫詩題材大多是旅遊、抒情、懷鄉、景物等寫意方面。詩人的第一本詩集《夢土上》，其中〈殘堡〉是 18 歲時所寫，詩中把殘堡和戰爭年代聯繫起來，語言質樸平白，卻能以自己的反思觀照上一個時代的反思：「戍守的人已歸了，留下／邊地的殘堡／看得出，十九世紀的草原啊／如今，是沙丘一片⋯⋯／／怔忡而空曠的箭眼／掛過號角的鐵釘／被黃昏和望歸的靴子磨平的／戍樓的石垛啊／一切都老了／一切都抹上風沙的鏽／／百年前英雄繫馬的地方／百年前壯士磨劍的地方／這兒我黯然地卸了鞍／歷史的鎖啊沒有鑰匙／我的行囊也沒有劍／要一個鏗鏘的夢吧／趁月色，我傳下悲戚的「將軍令」／自琴弦⋯⋯」詩人以巨大的悲痛寫出望故鄉渺邈之情，富真切情感。可以說，年少時期的鄭愁予，即已體悟了先祖們四處飄泊、經歷了兵荒馬亂、坎坷的歲月。但詩人對故土及先人的愛始終不減，這也給了他無窮的動力，促使他去克服未來人生旅途上的層層難關；他常仰望自己於天涯，而去尋找心靈上的「淨土」。此詩感情的表達使用白描手法，有的是詩人深深的憂患和凝重的思索，在他早期之作少見的沉鬱之風；藉以描摩出百年前戰爭苦難的深淵中昇華出的藝術形象，引領我們體認詩人那種無言的吶喊和熱烈的抒情。

　　再如這首〈採貝〉是 26 歲詩人天才的靈感創作，有一種興發感動的質素，是創作中最有光彩的詩作之一：「每晨，你採貝於，沙灘潮落／我便跟着，採你巧小的足跡／每夕，

你歸來，歸自沙攤汐止／濛濛霧中，乃見你渺渺回眸／那時，我們將相遇／相遇，如兩朵雲無聲的撞擊／欣然而冷漠……」這採貝是借助於大自然中的客體物象作為自己心靈感受的對應物，不但拓展了詩作的思想內涵，而且使之更富有詩意和質感。詩人明面寫採貝，實際寫愛人離開後相思的情懷；詩人畢竟是生於大陸並伴隨著戰爭的苦難和新生而成長起來的詩人，靈魂深處對生命的感觸與律動，都不曾減弱。儘管愛情已遠，但是卻因思念加以濃縮和約制，融進多彩的意象中，從而使此詩優美獨特的意象時時疊現，其思力沉摯之處，令讀者產生強烈的感情共鳴。

鄭愁予是在 2005 年歸籍金門縣金城鎮的。其實早在此之前，他已 5 度造訪金門，並寫下了五首詩；〈金門集〉、〈飲酒金門行〉、〈煙火是戰火的女兒〉、〈八二三響禮炮〉、〈大膽島童謠〉。其中，〈煙火是戰火的女兒〉是 2003 年中秋節前夕，鄭愁予應邀參金門和廈門共度中秋活動後，有感而作：「煙火是戰火的女兒，嚴父的火灼痛，女兒的火開花；花開在天空疑是星星也在撒嬌，彩光映在海上莫非波濤跟著巧笑……／哎，讓女兒自由地長大罷！讓她撒嬌，讓她巧笑，讓她／推開廣廈之門正是金色之門／洛陽兒女對門居呀！中秋月圓是歷史的舞臺，讓飲者演出那月老的浪漫，乾守望之杯！乾相助之杯！乾杯呀……／哎，兒女的自由長大不就是門當戶對了嗎？」此詩節奏感強，具有慷慨激昂的氣象，也是詩人在喚起兩岸人民和平共處的自覺；他跳脫了多數軍中詩人的悲壯抒懷，改把自己赤裸的靈魂捧給讀者。當兩岸中秋同步綻放煙火於夜空，對孤懸於海峽兩岸的「前線戰地」

的金門人而言，心中自是五味雜陳的；於是，詩人內在心性的引發，用赤子之心看待兩岸關係，給人一種真誠、親切之感。

縱觀歷史，鄭成功是抗清名將，明朝時期被封為延平郡王。籍貫福建泉州，父親是海盜出身的南明將領鄭芝龍，母親為日本人；他在父親投降清朝而被俘虜後，領軍和清朝對抗 15 年，是主要的抗清勢力，曾一度以大軍包圍金陵，但功敗垂成。事後，他率軍渡過臺灣海峽，擊敗荷蘭東印度公司的軍隊並接收其領地，建立臺灣第一個漢人政權。當年，鄭愁予的先祖鄭成功就是以金門為起兵反清復明的基地，但因鄭氏家族曾降清，集體遷移大陸，後被迫分派各地軍職；可惜的是，當地金門人似乎對延平郡王祠不太熱衷。鄭愁予晚年則積極於追溯鄭氏家族的歷史，希望能找回鄭成功應有的歷史定位及尊崇。在這種心情交織下，遂而寫下〈飲酒金門行〉：「飲者乃有俠者之姿，豪興起時，大口吞浪如鯨之嘯海／當懷思遠人，就閉目坐定，／輕啜芳冽猶吻之沾唇……」此詩剛猛有力，頗具鋒芒。隨潮汐遠去，詩人在追緬的聯想中自己與鄭成功及先祖的某種微妙關係，則在看似品酒的豪爽激昂中，其核心蘊藏著對未來的憧憬之情，並把一種內在的使命感揭示出來了。

三、鄭愁予詩歌卓然有成

在描繪大自然壯麗山河或家鄉的詩作中，鄭愁予的詩常以小見大的藝術概括力展現出更寬闊的自然境界，並寄以深厚的情思。誠然，當我們欣賞一首好詩，是必須運用自己的

感官，透過感知與想像、理解與情感等心理機制；加以結合自己的生活經驗，經過思維反復提煉，從而形成的一種審美愉悅。這也是一個從藝術直覺到心靈頓悟的深化過程。其中，尤為重要的是，鑒賞的同時也接受了詩人的藝術修養。意大利美學大師克羅齊〈1866-1952〉也提及：「一切藝術品只有對懂得他們的人，才顯得重要」《美學原理》〉。而歌德也曾說：「藝術的真正生命正在於對個別特殊事物的掌握和描述」。依我的看法，鄭愁予與生俱來即有一種本質上的審美觀，他喜歡旅遊，與大自然作近距離的接觸，並習慣於從自己的經驗中感悟。他把體現的匠心融於詩中，是文人的理想自我的精神寫照；他的詩品和人品都為當今文藝界、或是整個華文詩歌都做出了卓越的楷模。

　　反觀臺灣，自 1992 年 11 月 7 日解嚴後，時至今日，金門已轉而為兩岸觀光旅遊的新熱點。就在鄭愁予歸籍金門人滿三年，由金格唱片為詩人出版的《旅夢─碟兒詩話》：「風起六朝 沙揚大唐／宋秩一卷雲和月 明清兩京清明雨／風起六朝 沙揚大唐／風實是風騷惟在那園林 啊／沙卻是沙場 臥有醉漢／雲它遮了月 啊 喪廬失墓悲歌／清明雨霏天下盡是斷腸人／這一碟詩話 由書生主臬 這五色作料／千古的氣候如火候／煮了一碟相思豆／煮了相思的詩話 一碟浪漫的紅豆」，這首詩讓鄭愁予勇奪了最佳作詞人獎座。詩人直接從歷史的興衰中擷取意象，把自己渴望先人指點迷津、擺脫跋涉之苦的對白描繪得很逼真。到這裡，詩人對先祖的追悼及歷史的悲歌的無奈，其激情的噴湧似乎已找到了第一道出口了。

　　他的另一首成名詩〈偈〉：「不再流浪了／我不願做空間的歌者／寧願是時間的石人／然而，我又是宇宙的遊子／／地球你不需留我／這土地我一方來／將八方離去」，正是詩人人格的自我象徵。彷彿中，晚年的大詩人早已跳脫了世俗的塵事，過去，有多少舊夢已成雲煙，他汲汲營營追求的是宇宙那看不見的經卷。如今，年過 76 歲的詩人，仍風塵僕僕奔波於金門與美國、臺灣三地；當他眺望在古寧頭海邊，想必又激起了許多馳騁想像。那清澈的碧海、晨光如月光、百姓的真樸豪爽，想必詩人晚年的心情是恬靜的，也是歡樂的。此刻，詩人追求的應是與大自然的融合，這才是心靈的經。他的生命便與空間時間一致而取得永恆的寧靜了。

　　　　　　　　　　　　　　　　—— 2010.5.19 作

　　　　　　　　—— 刊登臺灣 "國家圖書館" 《全國新書資訊月刊》第 147 期，2011.03 月，頁 47-50。

簡論吳開晉詩歌的藝術思維

摘要：本文闡述了吳開晉詩歌的詩化意象，及其藝術思維的過程及意義，揭示出吳開晉對當代美學的深刻影響。論文以三階段作品從中回溯歷史，將其藝術與人生緊密地聯繫起來，藉以體驗其現代詩歌的價值歸宿。

關鍵詞：吳開晉、藝術思維、詩人、意象

一、其人其詩

吳開晉〈1934-〉是山東省沾化縣知名的詩人，為山東大學文學院教授。從 1994 年出版的第一本詩集《月牙泉》，繼而 1998 年《傾聽春天》和 2004 年《遊心集》開始，到 2008 年《吳開晉詩文選集》，就顯示了自己獨特的新詩風格；他有著自己的文學理論思想，多表現在具體的作品之中。詩性優雅、靈動中又充滿了濃郁的溫婉氣息和堅毅的思想感情，這是他的風格標誌。

今年過年後，再次收到遠從北京吳老師寄來的詩文集，我看了又看，它帶給我多麼寶貴的財富；每當我心境空虛或沉思之際，那是我生活中無上的歡愉。深入細讀，彷彿置身在大自然，從靜謐的天體中讓我思想之湧流忽地光明起來，隱約在神聖的樹林彼處，像銀屑般閃爍。

　　吳開晉初期詩作，清純、真樸，人物刻劃情真意切，大多以寫實為主。中期作品則是旅遊情思、人物緬懷，與現實生活貼得很近。晚期的創作加入了更多的細節和敘事的因素。其中，尤以〈土地的記憶〉這首詩獲得 1996 年以色列米瑞姆・林德勃哥詩歌和平獎，評委會評語寫道：「吳開晉教授所著《土地的記憶》是一篇扣人心弦的，凝聚了反對惡勢力的、充滿感情的詩篇。詩歌通過非凡的隱喻手法，表現了犧牲者的痛苦和對惡魔的愁恨」。看得出，他努力地將自己的感悟用簡單與莊嚴的方式描繪出對史實理解的高度。從根本上來說，正由於吳開晉藝術想像的獨特思維，儘管晚年身體遭遇了些許磨難，而對藝術活動卻之所以一直保持著不衰的興趣，歸根究底，也正是與藝術思維的獨特功能和想像力有關。他始終將詩情融注於形象，而伴隨時間而來的智慧和經驗的包容力，都存在著喜於寫詩的火花。所以，在我們面前樹立的，乃是一位堅強而慈祥、超越性的詩人的形象。

二、詩歌裡的自然意象與內涵

　　記得愛爾蘭詩人葉慈〈1865-1939〉（William Butler Yeats）曾寫下：「時光流逝時但睿智緊隨／枝葉即便繁茂卻靠孤根支持／青春歲月我虛誇矯飾／曾經我恣意炫耀／如今且讓我枯萎成真理。」詩句是多麼溫柔又充滿力量！也是一種美感的表達。可以說，這是透過審美活動而展示了詩人的自然審美的成就。在我看來，吳開晉最奇絕的力量就在於他把寫實寫意的思想與真樸無華的詩性元素結合為一體，把靈思一瞬間的透徹與美學精神結合為一體；由此更深刻體味生

活與藝術兩相促進,更見其才情橫溢的詩華。

　　吳開晉也是個早慧的詩人,這首〈電車上〉是 22 歲時的作品,是首難得的溫馨之作:

　　　　為什麼人們全都站起來,

　　　　到了什麼地方?

　　　　啊,走來一位將作媽媽的少婦,

　　　　她全身落滿了尊敬的目光。

　　　　她輕倚著窗玻璃坐下,

　　　　羞澀感激在眸子間深藏;

　　　　也許小生命正撞打母親喜悅的心,

　　　　看,她已把微笑的眼睛閉上。

　　這首詩是純粹的自然,乃是詩人長期以來根植於心中悲憫的本然。一部電車上的小故事,更反映出人與人間,唯有真情,才能讓社會變得更美好;而少婦孕育一個小生命的羞澀表情與人們紛紛想讓座的互動,更讓這幅畫面,常存讀者心中。可以說,吳開晉不僅是注重情感的詩人,更應該說是客觀敏銳地觀察社會人生的人。

　　吳開晉中期作品《月牙泉》詩集,記錄許多旅遊詩,其中,與夫人明岩女士到千佛山留照,寫下:「雙足深深紮入岩石／變幻的雲作村景／不管春雨秋霜／不管月月年年／讓我們站成永恆」,首先,詩人吟唱出自己的愛意及期許,彷彿我們也可以看到他們並肩地依偎著。雖然人間沒有人為他們建造永恆的殿堂,但詩人這段刻骨銘心的愛情,卻遠比千佛山上的雲景都要美。英國著名詩人華茲華斯〈William

Wordsworth，1770-1850〉，也這樣深有體會地指出：「詩是
強烈情感的自然流露。它起源於在平靜中回憶起來的情感。」
[1]這首詩裡，詩人也思考著如何讓「愛」化為永恆，情感真切、
聖潔；不僅能夠創造出美的樂音，從而激起讀者深刻的印象。

　　另一本《傾聽春天》詩集中，大多收錄自然、旅遊、人
物寫實等題材。其中《與妻懷舊》是 63 歲所寫：「回憶是一
把銼／銼動了疼痛和傷悲／粉末飄飛／遮蓋了天空／歲月的
年輪／貯滿了淚水／澆灌著要枯萎的希望／將熄的燈燭／黎
明前發出一聲嘆息」。這是詩人與妻憶起文革時期的舊事。
吳開晉有別於文革時期詩人的因素在於，他關心當時社會上
的某些不公義情事，但選擇以詩釋放壓抑的情感；對詩人而
言，詩可以創造出一種純粹的感染力，進而引起對社會的省
思。這首詩表現出一股深沉的哀傷，道出詩人回憶起往事那
一刻和親人分離的哀嘆；而妻子明岩始終是個傾聽心聲的良
伴。此詩真摯感人，承繼而來的，能擴大我們的想像力，製
造出詩的強音。最重要的是，裡面找不到文革的軼事，或那
種對時代的焦灼感及無所依託的精神困惑。有的只是以未稀
釋和不裝飾的詩語，最後延伸出來的畫面，卻能讓讀者感受
得到文革的「傷痕」。

　　另一首〈土地的記憶─獻給反法西斯戰爭勝利紀念日〉
收錄在《吳開晉詩文選集》四卷中的第一卷裡，這裡面凝聚
了吳開晉畢生的心血，是一套很有學術價值之著作，尤以此
詩最具代表性，也奠定了詩壇的重要地位，是詩人 61 歲所

---

1 〈《西方文論選》（下），上海譯文出版社 1979 年版，第 17 頁〉。

寫：「土地是有記憶的／正如樹木的年輪／一年一道溝壑／貯存著億萬種聲音／當太陽的磁針把它劃撥／便會發出歷史的回聲／／聽！那隆隆作響的／是盧溝橋和諾曼地的炮聲／還夾著萬千染血的吶喊／那裂人心肺的／是奧斯威辛和南京城千萬冤魂的呻吟／還有野獸們的狂呼亂叫／那震人心魄的／是攻佔柏林和平型關的號角／還有槍刺上閃耀的復仇怒吼／／莫要說那驅除魔鬼的炮聲／已化為節日的焰火，高高升入雲端／莫要說那焚屍爐內的骨灰／已築入摩天大樓的基礎，深深埋入地層／莫要說被野獸剖腹孕婦的哀嚎／已化為伴隨嬰兒的和諧音符／莫要說被試驗毒菌吞噬的痛苦掙扎／已化為無影燈下寧靜的微笑／這些早已過去／如煙雲飄浮太空／安樂是一種麻醉劑／人們也許把過去遺忘／但土地不會忘記／它身上留有法西斯鐵蹄踐踏的傷痛／留有無數反抗者澆鑄的紀念碑裡的呼喊　／每當黎明到來／它便在疼痛中驚醒」。寫這首詩的力量是由內生起的，在第一個詩節中，已體現出他對二次大戰整體中國東北百姓被德國納粹黨毒害、日軍進攻盧溝橋事變、南京大屠殺等畫面，他從自然之道反觀人世之道的視角，用心控訴戰爭對人類無辜百姓的破壞及影響。

　　詩人的感覺與表現的交融，使他成為一個敏銳靈動的詩才。每年 9 月 3 日是中國人民抗日戰爭勝利紀念日，也是世界反法西斯戰爭勝利紀念日。這是近代百年以來，中華民族反抗帝國主義侵略取得的第一次全面勝利，也是中華民族由衰敗走向振興的重大轉捩點。最後一節告訴我們，可以瞭解到作者的感傷，同時也慶幸法西斯政權的崩解。雖然這段歷

史迄今已超過一世紀，作者每一回憶，仍不能擺脫戰爭的陰影，對日、德暴行的記憶就像被感染的傷口一樣，依然在流血。從 1937 年南京大屠殺到納粹黨的活人試驗，其野蠻、狂暴的行徑仍深深銘刻在中國人的記憶中。

吳開晉對歷史的細緻觀察，這其中既有現代詩人超越時空的體會和哲思，也有對土地的無限敬畏和民族性的自覺。那些穿越光陰以探索歷史的詩句，直面人生；而去勇敢追求的人文關懷，純粹而敏感，幽微而堅毅，感性又悲壯。在這裏，作者已作出直抵歷史本真的真實抒寫和靈魂的詮釋。在這裡，也可以看出吳開晉對詩的貢獻，一方面，他讓詩人得以運用戰爭的醜陋來發掘人性的愛與良善；另一方面，他讓讀者明瞭詩人的任務，在於運用其創造能力，修復殘缺的世界中僅存的溫暖－愛，並使它恢復生氣，讓人僅記歷史的教訓，重新去感知這個世界，去體會土地被戰爭蹂躪的傷痕。

除了上述詩集，吳開晉期晚期詩歌的成果已漸為世界詩歌界關注。由於受到禪道精神的薰陶，偏向以視野的廣度以及對自然有一種敏銳靈躍的感受力，使他體現出含蓄的感性及清新淡雅的風格。在詩人追隨靈性、不同的體悟中，能引起讀者對它興發一種高貴的情感或充分發揮了想像力。詩人於 64 歲寫下的〈密密的梧桐葉〉，就是一首清澈明亮的詩，風景瞬間成為一首交響曲，一種沒有富麗氣息、沒有歷史，卻運用蘊含詩意的方式去描述：

> 密密的梧桐葉
>
> 在微風中親熱地交談
>
> 它們互相觸摸、拍打

讓笑語在雲空傳遍

每一片都有自己的故事 ——
關於布穀鳥的賽唱，或斑鳩的苦戀
它們從不保留什麼
一點一滴，都講給夥伴

當暴風雨來襲
它們便互相警告和吶喊
有誰支撐不住那無情地擊打
留下的便珠淚潸潸

它們祝願它早日化為泥土
再從樹根潛入樹幹
當春天的風笛在雲中吹響
它們便重新相會在樹巔

　　詩句捨棄清麗精緻，將對自然現象的關注，以追求原始樸素的直接呈現，富哲思。梧桐葉顫動的各種意象，在周圍自然保護的溫柔中顯露出來，能讓我們觀賞到天地間所包容的萬物之美。對詩人來說，一花一木，春秋輪代，更迭有序；樹葉也必須經歷暴風雨的洗煉愈見重生傲然。由此而知，他的藝術思維並不是受到表面上或視覺上的景觀所吸引；反之他看重的是作品中蘊含其中的哲理。另一首〈長木公園的雲松〉是詩人 67 歲前往馬里蘭大學講學時，是一首輕盈又有音樂性的小詩：

用陽光的金線，撥弄白雲

去打破雲空的寂靜

多少人仰視你

都難看到你真實的面容

你的根也一定很深很深

可穿透厚厚的地層

那長在香山紅葉間同樣高大的一株

定是你連體的身影

只是那掛在翠葉間的一顆顆松果裏

綴滿了我思念祖國的眼睛

一道漫射的光線，平靜而不凝聚，點醒了異國秋天雲松的笑容，也傳遞釋出詩人的思鄉輕愁；那北京西郊的香山園林的紅葉和眼前這雲松高大的表面連結在一起，傳達出古典主義派的美學，整個公園有種我無法言傳的祥和寧靜，平靜地接受詩人共有的視覺回憶。詩人已經覺悟，不論距離有多遠，詩人想念祖國及家鄉的心卻拉得很近。另一首〈威明頓森林公園的天鵝〉，更以一種近乎經典規律的方式寫出：

一隻腳掌

佇立於湖面

凝神靜聽

雲空飄來的

柴可夫斯基的旋律

忽然展開銀翅

做三百六十度的旋舞

這是首完全顛覆了學院式拘泥古板的傳統作風的詩，我

既看不到森林公園以其美麗的風景來構築詩的嗜好，也看不到詩人把夢想的而非看到的事物賦予神秘的光環；相反地，如果你想詩能達到感人的悲愴境地，只能以一種真實中肯，以宗教般虔誠的心去觀察，直到想起生命的廣被，一隻單飛的天鵝，在內心裏的呼喚，就會在心中燃起一股抒情的靈火，含容著淡淡的憂淒與哀傷。而天鵝泛起漣漪，沒有任何騷動；更顯露牠的舞姿，是如此優美，致使詩人的繆斯沉默了。至此，可見吳開晉相信藝術的本質唯有透過創作與自我的精神世界進行直接的接觸或溝通；晚期詩風崇尚樸實的原始風格，又有清雅悠然的現代感。

《遊心集》也多集中旅遊詩及人物素描，其中，65 歲時寫下〈憶友人〉：「似荷葉上的一絲風／似松林間的一片雪／你清麗的身影飄去了一個夢／在心的年輪上／永遠鑲嵌著那雙明亮的星斗」。這首詩寫得輕靈、清新；詩的語言是從繆思女神激發想像，輕鬆自然地降臨詩人感性的心田。詩人在尋求古典性唯美的聖潔以及建構起一種雋永的回憶中，能坦率地流溢真情，營造令人驚異的效果。無疑，他為愛情加上浪漫冥思的想像到詩性生成的貫通，提供了一個內蘊豐厚的精神國度；足見他也是一位在畫面構圖的處理上充滿詩意的詩人。

三、結語：詩美是吳開晉藝術思維中的精神表現

雖然吳開晉教授前年面臨喪妻之痛及病疾所苦，但對他而言，這正展現了自己生命的強度。在鼓勵我的創作中，我發現，他的藝術思維關鍵在於美學，其美學思想不僅是知性

與邏輯思考的活動，對於讓讀者產生知識的生活磨練，或愛的詮釋也有很深的著墨。他在淳厚溫儒的外表下，卻能善用時間研究美學，除創造了許多精闢的評論外，也能以詩描繪了一個清新自然、優美深邃、和諧統一的藝術世界。他的詩歌創作尤以旅遊感事抒懷題材居多，內容豐富，思想澄澈，抒情色彩，也能從歷史軌跡進行宏觀考察。要找出吳開晉詩歌創作的主要思想脈絡，唯有探尋通向其詩文之廣博思想，得以認識其詩歌的內涵。

吳開晉也是一位感情豐沛的詩人，他的詩還可以被研究出許多方面的成果，在保持自己特殊情感的條件下，他真正發現了詩最主要的原素是愛；他智慧的地方是將事物的真實性重新整建欲引導我們深入這些東西所代表的深層意義中。詩是自然界裏最美最偉大的景致，而吳開晉的詩，有另一種禪風，暗喻著美麗的事物不是永恆的，而更懂得珍惜平和中的寧靜是幸福的。最後，謹向遠在北京養病中的老師致上我最誠真的謝意，這是對我最具鼓舞作用的詩文集。

—— 2010.5.23 作

—— 刊登江蘇省教育廳主辦，《鹽城師範學院學報》人文社會科學版，第 31 卷總第 127 期，2011.01 期，頁 65-68。

質樸而沉毅

── 讀張堃的《調色盤》

一、其人其詩

　　張堃〈1948-〉籍貫廣東省梅縣，出生臺北。早年曾參與「盤古詩頁」，與沙穗等創辦並主編「暴風雨」詩刊。曾在雷達站工作，退伍後，長期從事國際貿易，1989 年移居美國加州。目前是《創世紀》同仁，著有詩集《醒・陽明山流著》〈1980，創世紀詩社出版〉，曾獲得全國優秀詩人獎。

　　今年，張堃 62 歲，已過孔夫子所說的「耳順」之年，對事業的奔波仍十分忙碌，對寫詩創作則益形執著。繼 32 歲出版詩集贏得掌聲後，直到 60 歲才再度出版這本《調色盤》，是詩人畢生的精心之作。在臺灣，他是個備受人敬重的前輩，古道熱腸、平實正直的詩友。然而，由於他長居美國，近些年來較少在媒體上看到他的消息了。但從他的詩集可看出，他的生命樣態，同樣令人關注。所謂「風格如人格」，在張堃身上可以得到相應的說法。他在後記自述說：「詩是一種追求，一種探索。」，又說：「氣質決定風格，這是絕對無法喬裝也無法勉強的事。」這或許就是他總以比較敏銳的感受力，也不乏對藝術的熱情來創作的原因。在那豪爽的外表

下，還隱約的透露出浪漫多愁的詩心，能呈現探索美學精神歷程中的崇高體認。堅韌向上，正是典型的硬頸性格之寫照。

二、詩歌的深沉撼力

　　張堃年輕時，個性直接而不做作。詩風在自然又隨性與優遊自放的交替下，以內在情感之真切，使作品具有感人之力量。比如在他 34 歲時寫下這首〈一條舊毛毯〉：「父親從未提過／這一生有什麼遺憾／只告訴我們，為何／留下這條舊毛毯／／一條棗紅素色的羊毛毯／已經殘破不堪／父親始終保存著／像保存一段往事／／毛毯是祖母當年／在縣城買給父親的／往事是堅持不住的歲月／留下的／／我懂父親的意思／離鄉背井三十多年了／留下這條舊毛毯／就算是留下那段／往事」。全詩從舊毛毯引發父親對祖母的懷念，離鄉數十年後想見親人的願望久埋於父親心中，懷念之情也更加強烈深重。終於在詩人的感情噴湧而出下，激起了讀者的共鳴；而最後兩句也昭示出某種哲思，這就增加了詩的力度。另一首是 37 歲寫下的〈遙遠的彩虹〉：「你哭過後／淚眼浮出的一道彩虹／已不再使我迷戀／／我便下定決心／要在你下一滴淚／落下之前／離開你／如淚欲落不落／就讓它懸著／等我走遠／再請你輕輕擦乾」。這首詩於 1985 年由樓文中譜曲，歌手王芷蕾主唱並收入唱片專輯。這就道出了年輕時失落的愛情的追求，有種蒼涼感，也把戀人之間無法突破的隔膜以致造成彼此的孤獨揭示出來，和著濃郁的詩情及幽微的旋律，充滿了一種詩美的思辨，而這種美又始終存在著一股強勁張力。

　　張堃在詩友眼底，他出道甚早，極有人緣又重情義；因工作繁忙，常四處奔波於各國。寫詩全靠夜晚和旅遊過程之靈感。他的詩作感情深沉、比喻新鮮，也正反映了他內心深處對美好事物或者是對寫景、咏物的熱望，或者源於瞬間的心靈感悟。比如他的中期作品，在 51 歲時寫下的一首「酒與雪意」：「多夜小酌／佐以窗外落寞的街景／蕭瑟的北風，以及／欲落不落的雪意／／這樣，早已冷卻的回憶／竟然從酒壺裡／溢出／飄起／而果真如此的醉意／也能溫暖這冷寂的寒夜／那麼，微醺絕非是／雪的意思」。詩中感情濃烈，又形象地傾吐了內心的懷念之情。彷彿中，窗外昏黃的街燈照射著詩人那微醺的臉龐，連皺紋也舒展了。張堃中期選擇的題材除了寫對家鄉和親友的深情厚愛或旅遊的感事抒懷外，也寫些名詩人物，並且有許多精緻的愛情詩和生活遐想。比如另一首〈冬日訪海明威故居〉，是首很別致的咏人物詩：「明知道你不在家／我仍依照行程／按址造訪／／從大門／走進前院小徑／再推門入廳／門全是虛掩著／／你躲在二樓書房／埋頭寫小說的身影／一定是我的幻覺／因為從戰地隱隱傳來的鐘聲／響了幾句／又啞了」。當然，《戰地鐘聲》是已故的美國作家、諾貝爾文學獎獲得者的主要作品之一。內容是以西班牙內戰為背景，描寫一個美國人為追求理想而犧牲的悲劇愛情故事。詩裡張堃所看到海明威的身影，只不過是想像，但從中可看出詩人想對海明威直抒情懷。這裡說從戰地能發出鐘音，就把視覺意象聽覺化了，從而给人以某種新奇的美感享受。

　　另一首是詩人 57 歲時寫下的〈調色盤—保羅・克利的無題作品〉：「怎樣形容／又怎樣描述？顏色淺了又濃／深了又似的漸漸淡去／／那條街巷／在調了又調了色彩中／一直落寞著／而明了又暗了的一段湮沒往事／竟無端端地糾纏著／已經凌亂了的情緒／／雨不知道什麼時候開始下的／我在濕淋淋的暮色中／輕步走過調色盤一樣的廣場／／究竟要怎樣形容／又怎樣描述呢？／那些色彩始終在調色盤裡／而我早已抽象成／雨景中一縷似散不散的／冷冷的煙塵」。就是含有深刻寓意之作。此詩意象新穎，並開掘了發人深思的詩意。詩人不僅把德國籍瑞士裔著名的彩色畫藝術家保羅・克利的畫作「調色盤」裡的桃紅、紫、亮綠等鮮豔色彩躍然其上，向人們展示著它的美、那閃著奇彩繽紛的藝術品；更加入保羅・克利說過：「藝術並不仿造看得見的東西，而是把看不見的東西創造。」的哲思融入其中。張堃更化身為畫中獨特的意象，那是詩人通過賞畫後各種感官獲得的直覺印象，在雨中廣場上詩人的心靈屏幕上轉化成藝術感覺獲得的。寫得非常鮮明而生動；而使這種靜中蘊動的時態和空間描寫，別有風韻。讓讀者始終關注著詩人內心的苦惱及喜悅的短暫，也證明了張堃在詩藝上的日漸成熟。

三、結　語

　　張堃的生活閱歷頗為豐富，且對詩歌獨具鍾情，因而作品始終能引人入勝；在這本《調色盤》詩集中，詩體形式為自由體，有許多流淌著青春熱情的浪漫詩篇，昭示出詩人在現實生活中的某種嚮往和理想，並寄予深厚的情懷。整體上，

張堃理解世界的深度，已能表現在他所創造的形象的明確角度上；他完成了一本抒情詩的旋律，能把感情濃縮於動人的意象中。對於張堃來說，詩起自一種堅持的信念，一種生命的感動，一種深邃的思想，一種對美的強烈渴望。我覺得，在他近 30 年的創作歲月中，應當說是有了一定作用和成果的；早期作品有一種深沉和抒情的凝重；晚期作品的主調是表現在對自然、社會、旅遊的生命感悟，以引起讀者的思索。不僅體現出詩人深層的感情，而且形象感強，讀來很有滋味。

── 2010.05.26 作

── 刊登《秋水》詩刊，第 147 期，
2010.10，頁 25-27。

愛情的巡禮

　　世界上很少人知道，人最大的快樂來自給予，而不是來自獲取。愛情是什麼？這是一個陳舊又永遠新鮮的話題。由於愛情是不朽的，是不凋的神話，在詩人的憧憬裡，也就隨之具有了永恆性。它是詩人的玫瑰，存在幻夢與真實之間的聖殿。它也是最敏感的藝術，是隨著心跳的脈搏而起伏，雀躍又糾葛、貼進心靈又默然憔悴的一種捉摸不定的感覺。是因為它對四季流轉有如清水般的澈盈？或常忽而幌了幾幌，波湧而去。它恰似風船的浪花，夜的帷幕裡的光點，總帶來意想不到的驚奇。

　　詩總是情的產物，詩人尤以愛情為揭示某些人生的哲理和生命的真諦的最高表現，往往隨心有所動而寫，去挖掘某些閃光的心靈火花；或為悲慘的靈魂歌唱，或描繪出對愛情深沉的緬懷，為我們打開了一個繽紛的藝術世界。我很用心的想，每個人都想獲得快樂，也想得到真愛。對我來說，愛，本身就像陽光。愛，也是一種成長的力量；愛人比被愛重要許多。物質的東西，永遠無法取代愛情，或是溫柔、或是親切，或是友情的空缺。

　　愛情期待我們回應的，是它帶來的純真，而不是虛偽的頌揚。看，它像隻月牙上的野兔，忽而跳到我們熟悉的小徑

來；靜的出奇的是夜的眼睛。

如果愛，伴隨所有的拂逆與困厄，那麼神正考驗我們的勇毅與無知。

愛是曾認真的沉浸在成長的喜悅時，也不忘具備感恩的心。

愛是你追回的驚鴻一瞥，絕倒我幾多思念。

愛是一種堅持，沒有退路，只有勇往直前。

愛是橫越大海，哪怕尋找光榮的希望於片刻。

愛是比一方小石還要潔淨，連枝上的鳥兒，也跟著唱出我們心中的歌。

愛是把一切離愁都斟滿，直到靜謐如井。

愛是在想起伊的時候，投下更其烏黑的影，在遍地的濃溼中閃明。

愛是飛涉了千年，直到岩壁上都留下風的見證。

愛是劃破時空而熱烈輝耀的藍星，一掠而過，交結著我的飄零。

愛是不論晴雪，甚或夏雨，永不遲歸。

愛是一種思念，似微弱的風，飄向每一靜寂的黃昏……

愛是我的思想、我的蔚藍，我的海洋！

往事是光陰的綠苔。愛情，這東西，哪怕多少年後每一憶想，總在我耳邊放歌昇騰……。泰戈爾說：「欲行善者，必先輕扣其門；散播愛者，門將為彼而開。」我覺得，愛情源自直覺，是宇宙當中，最迷離，也最博大、高潔；最令人心碎又能以其滋養而茁壯的夢土。僅管愛情是生命中最美好的部份，但愛情是盲目的，也有悲傷與殘酷的一面。常見的

是，身陷愛情沼泥的人，時而狂喜，時而愁眉；等到現實的
殘酷面目呈現眼前，才會有跌落雲端的失落感。於是，愛情
的神話瞬間融化，坐立難安的痛苦滋味，想必傷心者都心有
餘悸。每個人都有自己成長的心路歷程，萬一不幸愛情變成
孽緣，最後，只剩下理性的心智可以拯救自己。遇到任何苦，
再多的難，如果能試著用心地去承擔活著的責任，多想想，
「退一步」，就是海闊天空，因為，經驗是良師。慈是與樂，
悲是拔苦。道，就在心中。

　　愛情不是憐憫、施捨，也沒有貴賤之分。在心靈的展望
中，愛，永無距離。愛情也如履生命深淵。任何一個備受矚
目的公眾人物，其實感情生活與凡人無異，一旦沉溺於一時
的幸福巔峰，或涉及感情風暴；從幸福轉為不幸而翻落苦難
深淵，結果只需一瞬之間。不可不慎！一個人一生能擁有一
次真愛的回憶，是最幸福的。如能讓愛植入心中，就能看見
自己的善良光輝。愛情的道路，就像是山路一樣；不管是平
坦的、崎嶇的，累了，就休息，要懂得調解。只要有能力邁
步，我們就該奮勇不懈，人生也會變得豐富又多彩的一面。
最後，僅以一首詩，向愛情致意。

〈木框上的盆花〉

你坐在石牆裡

用幾分之一秒的快門

捕捉日輪的俯臉

這或許是

你生命中僅有的一瞥。

山城之夜已緊緊收攏

裹住金絲雀顧憐倦藏的彩羽。

你在落雪裡

輕搖，無羈的空間

好似我未曾在你身旁 ──

是光融化了冰冷的書頁。

── 2010.6.6 作

── 刊登臺灣《笠》詩刊，第 278
期，2010.8.15，頁 143-145。

── 收錄莫渝編《詩人愛情的社會
學》，臺北《秀威》出版，2011 年
版。

澄淨的禪思
—— 談周夢蝶詩與審美昇華

用詩藝開拓美的人之五

　　在精神分析學家弗洛伊德（Sigmund Freud）看來，審美昇華觀念的內涵包括：「本能的昇華是美和藝術的根源，而作爲本能的昇華的審美體驗，對人的精神具有補償作用。」[1]這句話，也形象地表達了審美是人類的本性，詩美和藝術能把讀者引進到了令人陶醉的另一個幻想世界。

　　我以爲，審美昇華是指鑒賞中的情感在共鳴中得到調節、慰藉、疏導和昇華；它是培養人類美好本性的必要環節。比如欣賞一首好詩時，會心感受其深化的審美昇華情境；促使讀者的思想品質得到了淨化，從而達到形而上學的理解，無形中也就提高了讀者對美好事物的思想認識與感情的昇華。本文擬就我的認知，嘗試對淡泊而堅卓的周夢蝶及其詩作一初步的瞭解與體驗。

其人其詩

　　周夢蝶〈1920-〉，原名周起述，河南淅川人。童年家境

---

1 童慶炳著，中國古代心理詩學與美學，萬卷樓，民國 83 年版，頁180-183。

清苦，父親在他出生前即去世，由母養大。幼入私塾，初中畢，曾就讀開封師範、宛西鄉村師範學校，因家貧又逢戰亂而輟學。1949 年隨青年軍 206 師工兵營來臺，妻與二子一女則滯留大陸家鄉。

　　周夢蝶 32 歲時開始發表詩作，35 歲除役後，於臺北武昌街明星咖啡屋的騎樓下，擺書攤餬口，長達 21 年，而有「街頭詩人」雅稱，因胃疾關係而結束書攤生涯。詩人一生也做過圖書管理員及小學教員各一年、墓地看守員等職，生活拮据。因緣認識了覃子豪、余光中等人，因而加入藍星詩社。39 歲時，出版了他的第一本詩集《孤獨國》，被選為「臺灣文學經典」，從此奠定詩人地位。45 歲時，再出版第二本詩集《還魂草》，深獲好評。而後沉潛了近 30 年，又相繼出版《約會》及《十三朵白菊花》兩本詩作。此外，《風耳樓逸稿》收錄周夢蝶發表於各文學刊物但未曾集結出版之散逸詩作約六十篇左右。《有一種鳥或人》則收錄周夢蝶 2000 年至 2009 年詩作。他曾獲中國文藝協會新詩特別獎、笠詩社「詩創作」獎、中央日報文學成就獎、第一屆國家文化藝術基金會文藝獎「文學類」獎、中國詩歌藝術學會藝術貢獻獎等。2009 年底，由印刻出版最新套書《周夢蝶詩文集》，共三卷，詩集代表作二卷，散文集一卷，並附贈詩人生平年表與發表索引輯成別冊。正象徵出詩人在詩藝上探索的永恆性，對新詩的發展與藝術成就確實是值得肯定的。現因病及體衰，已蟄居新店五峰山下養病中。

　　周夢蝶，是一個充滿感情秉賦的孤絕隱士，作為臺北文化圈裡的傳奇詩人，也已走過了近半世紀的創作歷程。他對

莊子十分崇拜，因此其筆名便是取自《莊子》〈齊物論〉中的文詞，與「莊周夢蝶」的深刻意義不謀而合。退休後也喜於研習佛法，並將禪思融入詩中。他的詩始終以柔美流麗的抒情詩最為讀者稱頌，常見的是，他以情為動力，去吹動想像力的風帆；有一種不經邏輯推理的藝術直覺，讓讀者感到一種絢麗多姿的風格美。從思想上說，是把詩人內在思想感情或情懷融入客體物象中，給人以較多的品味和遐想。從藝術上說，他熟諳中國古典詩詞中的心靈感受而能構成新的意象，但是內裡的西方詩藝因子也得到了強化和展現。詩歌婉轉而清柔，韻律方面的修養、獨特的禪道意蘊是很深的，值得我們認真探索。

周夢蝶詩中的神韻與禪蘊

　　周夢蝶的詩是重抒情的藝術，其感情是濃郁的，思想是深刻的。《孤獨國》是他的第一本詩集，收錄寫於 1952 年至 1959 年間的詩作 57 首，1999 年更獲選為「臺灣文學經典」。內容多是以飽滿之情，描繪出詩人悲苦的遭遇和坎坷的命運。作品中不乏優秀之作，如第一首發表的詩作〈無題〉：「一朵憔悴的心花／葉葉飄繞在你窗下／不為偷吻你的綺夢／只為聽一兩聲木屐兒滴答……」這是他內心緬懷親愛的人的真摯傾訴，表達對愛情的苦苦追求，通過心靈的折射，也記錄下那細微的顫動之音。詩人以對愛人的歌咏展示內心的漂泊無依，但仍滿懷希望之情。另一首早期之代表作〈孤獨國〉是詩人在剎那間超越了時空的限制，把夢裡所感同過去的回憶與自行構築的孤絕想像世界聯結，從而引起了讀者不

盡的聯想,更顯其孤獨:

> 昨夜,我又夢見我
>
> 赤裸裸的趺坐在負雪的山峰上
>
> 這裡的氣候黏在冬天與春天的接口處
>
> 〈這裡的雪是溫柔如天鵝絨的〉
>
> 這裡沒有猥騷的市聲
>
> 只有時間嚼著時間的反芻的微響
>
> 這裡沒有眼鏡蛇、貓頭鷹與人面獸
>
> 只有曼陀羅花、橄欖樹和玉蝴蝶
>
> 這裡沒有文字、經緯、千手千眼佛
>
> 處處是一團魂魂莽莽沈默的吞吐的力
>
> 這裡白晝幽闃窈窕如夜
>
> 夜比白晝更綺麗、豐實、光燦
>
> 而這裡的寒冷如酒,封藏著詩和美
>
> 甚至虛空也懂得手談,邀來滿天忘言的繁星……
>
> 過去佇足不去,未來不來
>
> 我是「現在」的臣僕,也是帝星。

　　在詩人筆下,孤獨成為他的生命體,感情藏匿,但卻可叫人體味到,在視覺和聽覺兩方面所造成的形式美。寫此詩之際,其至親都不在身邊,內心的悲痛是可想而知的。但是,他把自己悲痛的感情往深處埋藏,並把它濃縮,甚至變形,滲入到一個塑造的理想世界 ——「孤獨國」。他越是描繪出孤獨的美好,實是為了擺脫孤獨的悲涼。在孤獨國裡,氣候是怡人的、景色優美。「只有曼陀羅花、橄欖樹和玉蝴蝶」,有「視覺」的美。那裡「這裡沒有猥騷的市聲,只有時間嚼

著時間的反芻的微響」則有「聽覺」之美。整體而言，全詩
中那馳騁的想像，都恰切地表達出詩人內心傷悲、赤裸裸把
孤獨浸透在鮮明的藝術形象中，詩的美感力還在於錯落有致
的節奏感。

　　周夢蝶中期作品，大約是 40 歲到 45 歲階段，此階段的
詩，不僅具有時間藝術所獨有的美感力，又善於將自己的詩
情，注入物象的繪畫美。詩人詩作的可貴之處，是其藝術風
格是深沉含蓄的，詩人總是自覺不自覺地把自己的哲思和孤
絕的個性糅到詩作中。雖加入些弔詭句法的使用，但整體上
絕不是晦澀生僻的。如《還魂草》詩集中傳誦一時的〈菩提
樹下〉就是：

> 誰是心裡藏著鏡子的人呢？
> 誰肯赤腳踏過他底一生呢？
> 所有的眼都給眼蒙住了
> 誰能於雪中取火，且鑄火為雪？
> 在菩提樹下。只有一個半個面孔的人
> 抬眼向天，以嘆息回答
> 那欲自高處沉沉俯向他的蔚藍。
>
> 是的，這兒已經有人坐過！
> 草色凝碧。縱使在冬季
> 縱使結趺者底跫音已遠逝
> 你依然有枕著萬籟
> 與風月底背面相對密談的欣喜

坐斷幾個春天？

又坐熟幾個夏日？

當你來時，雪是雪，你是你

一宿之後，雪既非雪，你亦非你

直到零下十年的今夜

當第一顆流星驀然重明

你乃驚見：

雪還是雪，你還是你

雖然結趺者底跫音已遠逝

唯草色凝碧

　　這首詩在情緒上是一環扣一環的。詩人一開始便用詰問法，節奏和韻律都是和詩相吻合的，這就增添了詩的音律美。看，詩人借景抒情，以飛動淒惋的畫面，使人看到了詩人悲苦的心。風月、雪、草色不但是能動的，而且是有情感的，又是同詩人的心相通的，更增添了畫面的內在的美感力。詩中的雪與火，則是分別代表了詩人既能滿懷著深深的悲苦，又能充滿無限的信心為光明的即將到來而懷抱著希望。另一句「誰能於雪中取火，且鑄火為雪？」此時，詩人的思想核心是講求超然物外的禪道哲思；是對佛家講求破除現實世界的「空」與超現實世界的「真如」，也是孤獨世界的可感與執著。隱喻自己的人生正是不斷的期待和絕望中循回，而詩人身在雪與火之間往來間取鑄的是歷練的過程。但誰能如此呢？同在菩提樹下，詩人面對蔚藍天空，人世間的喧囂、苦惱都被這自然淨化了。結尾雖帶有較濃重的悲觀色彩，但也

體現了詩人的浪漫主義的精神和真摯情感；也具有佛家歷經
磨難而被引渡到空靈和無欲之鄉結成正果的內涵。

　　同樣，另一首〈行到水窮處〉也是超現實主義與禪相結
合的佳作，它運用了許多現代詩的藝術手法，爲隱喻、通感
和幻覺；而且詩人以身實踐：

　　　行到水窮處
　　　不見窮不見水 ——
　　　卻有一片幽香
　　　冷冷在目，在耳，在衣。

　　　你是泉源，我是泉上的漣漪，
　　　我們在冷冷之初，冷冷之終
　　　相遇像風雨風眼之

　　　乍醒。驚喜相窺
　　　看你在我，我在你；
　　　看你在上，在後在前在左右：
　　　回眸一笑便成千古。
　　　你心裡有花開，
　　　開自第一瓣猶未湧起時；
　　　誰是那第一瓣？
　　　那初冷，那不凋的漣漪？

　　　行到水窮處
　　　不見窮不見水 ——

卻有一片幽香

冷冷在目，在耳，在衣。

　　此詩意境深邃優美，主題應是取用王維「行到水窮處，坐看雲起時」的詩句。詩人於 42 歲時正式習佛，這自然會影響到他中期創作的詩作。老子說：「上善若水，水利萬物而不爭」，這裡暗喻著，水，乍看之下是平凡的，但，水的變化極大，它能涵養萬物；在給予我們生命的重要本源後，卻不要求回報。詩人表面上寫水，其實是宇宙個體生命周而復始的象徵。生命的盡頭也是生命的始點，因為詩人深悟到，它有盡頭，所以才想積極把握現在，並以淡然的心情看待一切無常。這是詩人的至高無上的真理，他認為無論水或雲，它是超然的，永遠在那兒動，但它永遠不疲倦。世間有太多的事情我們無法掌握，有太多的苦難，我們必須承受。如能學水，隨遇而安，也許可以像莊子一樣逍遙於世俗之外了。詩中所具有的那種蒼涼沉重的歷史感，已不同於早期所寫的奇麗雋永；而是把大自然的力量同人們對佛教的崇敬交融在一起，呈現 60 年代接觸佛法後的轉變。此階段最足以代表周夢蝶的藝術風格，也因此贏得更多的讚譽。

　　周夢蝶晚期作品約在 60 歲以後，迄今九十歲仍創作不輟。由於在 60 歲那年的一場大病之後，詩風有了極大的轉折。在創作的取材、表現上，亦含有人生經過磨難與血火冶煉，其中有不少具有禪韻味很濃的詩篇。近 10 年來，詩人平日深居簡行，粗茶淡飯，詩心更著力追求禪道精神的滲透，至純的詩情雖近似「不食人間煙火」，但也昇華出人類追求真樸家園的境界。有時也蘊聚著人生的哲理和詩人的理想，

筆端化繁複爲簡樸，轉趨清新與幽默的語言氣圍，把詩歌創
作推向一個新的高度。比如《十三朵白菊花》詩集中的一首：

　　那邊 31 路站牌下

　　一個小婦人

　　牽著小孩

　　在等車。卻又不像

　　不像在等：

　　一派素位、知命的神情

　　　　　　（《十三朵白菊花·除夕夜衡陽路雨中候車久不至》）

　　此詩語言質樸平白，詩人用極短小的言語包含豐富的社
會內涵。在除夕夜的雨中，那對街的小婦人、牽著小孩正候
車著，想必是奔馳回家慶團圓吧！畫面交織著詩人對年少生
活的片斷回憶。最後，詩人也幽默了自己一番，那等候的人
當然不會是孤獨一生但樂天知命的自己。內裡有一處返樸歸
真的追求，言簡而意深。其隨緣任命的風格，也給人以多重
的思考。而〈十三朵白菊花〉這首經典之作，充滿禪意的詩
句正是詩人心智的外在的體現：

　　民國六十六年九月十三日。於自善導寺購菩提子念珠
　　歸。見書攤右側藤椅上，有白菊花一大把：清氣撲人，
　　香光射眼，不識為誰氏所遺。遽攜往小閣樓上，以瓶
　　水貯之；越三日乃謝。六十七年一月二十三日追記。
　　從未如此忽忽若有所失又若有所得過／在狹不及房的
　　朝陽下／在車聲與人影中一唸成白！我震慄於十三／
　　這數字。無言哀於有言的輓辭／頓覺一陣蕭蕭的訣別
　　意味／白楊似的襲上心來；／頓覺這石柱子是塚，／

這書架子，殘破而斑駁的／便是倚在塚前的荒碑了！
／／是否我的遺骸以消散為／塚中的沙石？而遊魂／
自然數里外，如風之馳電之閃／飄然而來 —— 低回且
尋思：／花為誰設？這心香欲晞未晞的宿淚／是掬自
何方，默默不欲人知的遠客？／想不可不可說劫以前
以前／或佛，或江湖或文字或骨肉／雲深霧深：這人！
定必與我有種／近過遠過翱翔過而終歸於參差的因緣
—／只一次，便生生世世了。／／感愛大化而情／感
愛水土之母與風日之父／感愛你！當草凍霜枯之際／
不為多人也不為一人而開／菊花啊！複辦，多重，而
永不睡眠的／秋之眼：在逝者的心上照著，一叢叢／
寒冷的小火焰。……／淵明詩中無蝶字；／而我乃獨
與菊花有緣？／淒迷搖曳中。驀然，我驚見自己：／
飲亦醉不飲亦醉的自己／沒有重量不佔面積的自己／
猛笑著。在欲晞未晞，垂垂的淚香裏

　　這是質感多麼強的畫面！從藝術上看，此詩最突出的一
點，是詩情—想像—形象的結合；可以說，是詩人以澎湃的
詩情，激發起奇特的想像，而創造出一個超塵世的境地，詩
中那顧憐菊花的詩人的身影，都強有力地感染著我們。很明
顯，這裡寄寓著詩人對白菊花淒美的同情，也正好可以襯托
出一種懷念故國家鄉的熱烈情懷。他把白菊花人格化了，其
與詩人身形嶙峋而傲骨的情操，使人感到詩人的痛苦與短暫
的欣喜是渾成一片，他也正是一朵以自己的感情熱切地綻放
著生命的癡菊。這種傷感是緩慢地一點一滴流出來，給人的
心靈的搖撼卻是難禁的；此詩也是詩人藝術風格走向成熟的

記錄。

周夢蝶：以生命鑄詩的澹泊詩人

今年 90 歲的周夢蝶，詩作仍直扣人心。究其原因，正是他的詩作中所抒發的細膩感人的真實情懷和對詩藝理想的追求，激起了讀者感情的共鳴。在早期詩中，沉鬱而蒼涼；詩人往往把現實中的苦悶同理想中的虛無縹渺的美好境界對立起來，表達了詩人為追求真誠的愛的美妙的嚮往並為之無怨悔的決心。中期之作則以詩悟世情。佛學為詩人開啟另一階段的詩藝表現，詩藝愈見真摯純綷。晚期詩作閒曠天真，極富禪蘊，能透徹人生，哲思也更流轉靈活。但是，他的深沉浪漫的基本風格仍沒有變；這一切，都使他的詩作增加了無限的藝術魅力。詩人平日寡言，踽踽行來雖顛沛流離卻也怡然自在。晚年他的生活哲學也愈發接近他的詩，簡單即美，順應自然，心靈潔淨、不媚俗。因而詩作顯示了不同於他人的風格美。

最後，我想探索的是，周夢蝶詩作藝術風格形成的主客觀原因。誠然，詩人多難曲折的經歷，社會現實帶給他的苦悶從而造成一種孤獨的性格，可以說是形成他的藝術風格的基礎。題材多是通過深沉的回憶，形成了距離，從而蒸餾成詩藝，化痛感為美感。然而，生活的苦悶卻也是一切藝術之母；也鑄成詩人藝術創作的內驅力。但更重要的還是由於他在詩藝上的表現，在一定程度上緩解了他的痛苦；尤其中年接觸到佛學後，也逐漸恢復了他精神的平衡。詩人總是在詩中尋求心靈的寧靜和精神的昇華。他的詩，有一種動人心魄

的委婉情致，極富禪意。時而讓人感受到詩中的孤獨寂寞，時而又感受到一股雲淡風清的悠然神韻；可以使人的情感得到排遣和補償，引導讀者返回寧靜的精神的故園。我們可以看到，他的藝術生命是屬於能把一生的作品戰線拉長的詩人，再用生命力將之濃縮、凝溶，徹底結合；而其結合的背後，就是他不懈的努力和執著。其中，《周夢蝶詩文集》收錄詩人逾半世紀的稀有珍品，是老詩人用他的心血凝聚而成，十分可貴，這也是在晚年捧獻給所有愛詩人的一份厚禮。

—— 2010.6.13

—— 刊登臺灣 "國家圖書館"《全國新書資訊月刊》第 146 期，2011.02，頁 36-41。

解讀丁雄泉創作和美學的面向

一、前　言

　　旅美知名藝術家丁雄泉 1920 年出生於中國無錫，26 歲
時移居香港，32 歲時也抱持成為藝術家相同的想望，辛苦地
負笈法國習畫。別號「採花大盜」，於今年五月病逝紐約，
享年 82 歲，是《創世紀》同仁。在他一生汲取生命真實的過
程裡，總是以豪氣直率的個性，追求轉瞬即逝的美麗事物。
創作中，他較少以油畫布作畫，偏愛以宣紙為素材，融合壓
克力彩與彩墨的韻味，為他特有的風格。他熱愛女體，常描
繪妓女的生活及其內在精神，成為獨特的生命圖像，並綻放
具有共時性的美學面向，而其想要給觀賞者的只是一種純粹
的喜悅。

　　丁雄泉也是一個詩人，44 歲時出版了《一分人生》的詩
集，書中收錄了二十多位歐美名家的版畫作品，其中包括法
蘭西斯、安迪‧渥荷等人。另著有詩畫集《紅唇》（Red Mouth）
和詩集《中國月光》（Chinese Moonlight）、《酸辣湯》與
石版版畫書等，顯現出他喜愛詩文的面貌。丁雄泉的畫作早
已取得了相當的成就，曾被紐約現代美術館、芝加哥藝術學
院、三藩市現代美術館、古根漢美術館、倫敦泰德畫廊、巴

黎東方藝術博物館、等數十座藝術殿堂收藏。當然，也包含了歐洲北部以及臺灣、香港的美術館。

二、從採花使徒到畫家傳奇

　　丁雄泉畫風的主題並不寬，人物的描寫多侷限於幾個典型；卻能躍入人類深層的情感之因，是他毫不保留地探索女體裸裎中的思想深處，每一個都是活生生的血肉之軀，各有其特殊造型之美。大多是具動感且色彩斑斕的女性裸體畫面，能貼切表現出妓女的寂寞與哀傷。畫中似乎也有一個共同結論：人類的性與慾、生與死都不過是浮塵、虛幻；只有最真實的愛才是最根本的情感。而且他的內在，造型不斷地和雙手對抗，不斷地創新求變。丁雄泉能掌握身為藝術家的特質，就是絕對沒有失去一定的好奇與天真；他創造了畫裡的自然，從來都不是輕鬆簡便的。他特別喜愛畫女體，常揮作不休。其中，丁雄泉的畫作「哥雅的情人」〈長 127 寬 178 cm，1977〉，2006 年底在臺北羅芙奧以臺幣 1141 萬元高價賣出；畫中的背景，也散發出繽紛明亮的詩情，以表達自己內心對其思想的夢幻感情。另一幅是 63 歲所畫的「你喜歡紅玫瑰嗎？」線條流動，他將熱情的色彩交織在一起，畫面多彩、細膩，他的特色始終能透過似詩人的想像、思考和感受，來催化內在的情感。任何藝術創作貴乎感情的真誠流露，我覺得他對畫作的表達力非僅限於官能性裸女，畫面的視覺有無限的寬容度，能表達出內容與西方人的人文思想。能拋棄世俗的拘束，凝聚成單純的藝術性，也豐富了觀賞者的心靈。而 61 歲時所畫的水彩畫「鸚鵡」，畫面三隻生動活潑的鸚鵡

立在枝上，能顯出更高的色彩飽和度；這正是現代藝術所追
求的藝術本質，一種純粹的還原。也說明了就算不畫裸女，
丁雄泉也能營造出趣味十足、扣人心絃的畫面，這也是一種
文化的根源。

三、丁雄泉：女體藝術的變格者

　　丁雄泉一生已創造了屬於自己的神話，年輕時作品有西
方美學與東方水墨融和的藝術氣質，憑著膽識，勇往直前。
在巴黎期間，先後與眼鏡蛇畫派的比利時畫家阿雷欽斯斯基
（Pierre Alechinsky, 1927-）、丹麥藝術家若恩（1914-1973）、
荷蘭畫家阿貝爾（1921-2006）結為好友，經常同出入巴黎咖
啡館。中期創作是 1960 年代初移民到紐約之後，他結識了美
國抽象表現主義畫家山姆·法蘭西斯（1923-1994），以及後
來的普普藝術家衛塞爾曼（1931-2004）、歐登柏格（1929-）。
他也成為普普藝術家之林，作品灑脫中見清麗的特質。而馬
蒂斯的繪畫，對於丁雄泉起了關鍵的影響，促使他又添入美
國抽象表現和八大山人式的簡潔線條特質。晚期作品是 1974
年入籍美國後，雖常住紐約、巴黎、阿姆斯特丹等地，但到
了 2001 年開始定居荷蘭阿姆斯特丹。此階段，更趨於巧揉中
西藝術優點於一爐，讓人領受其精神是真正自由的。除了原
有的水墨線條，也加入了滴流、潑灑的技巧，畫面明麗，改
用鮮明的壓克力彩，形象也從抽象改為半具象。1970 年代
後，丁雄泉已發展出以女性與花卉為主題系列的藝術特有風
貌。

　　總之，丁雄泉一生待友豪爽，把精力全部投注在詩文及

繪畫創作裡。其畫作有一股震憾的魅力，應源自於體內散發出一種自然的「詩藝共相」，即有時他在詩中激發感情的要素，在畫中也往往找得到與其相對應之處。他一生澎湃的原始活力，讓其生命在陽光中閃動。是故，成名的原因也就不難理解了。在今天藝術界的傳奇人物已經不多見，而丁雄泉濃麗細膩的畫風表現，實令人嘖嘖稱奇。

—— 2010.6.18 作

—— 刊登臺灣《創世紀》詩雜誌，第 164 期，2010.09 秋季號，頁 124-125。

用詩藝開拓美的人
—— 楊柏林詩及雕塑的審美體悟

一、雕塑家楊柏林的藝術風采

　　在臺灣沒有人能懷疑楊柏林的藝術地位和他的雕塑作品的重要性。這個於 1954 年出生在雲林縣的一個貧窮漁村家庭，就像所有成功的偉人般，柏林幼年也有一段辛酸史。雖未受過正式藝術教育，但自國小四年級即對成為藝術家情有所鍾；他以自學的方式，將熱情與創意轉化成令人讚譽的創作。從銅、木頭、雕塑到公共藝術，作品散見於臺北總統官邸、華山藝術特區、板橋火車站、新竹科學園區、高美館園區、大學校園以及民間新住宅群等。自 1985 年起迄今在臺灣舉行個展 4 次，日本、杭州、義大利、韓國聯展多次。曾受邀為文化大學駐校藝術家，現為臺灣亞細亞現代雕塑協會理事長。

　　楊柏林和詩人也常在一起體會詩的意境，因而，自己也喜歡作詩。對於作品，他自述表示：「許多創作靈感皆來自他在雲林鄉下的童年回憶，如展覽主題『我在這裡』，便是來自於幼時與祖母的對話；當與母親在海邊刮牡蠣受傷時，手指的血與昏紅的夕陽讓他體會到與天空的對話。」。由此

可知，柏林的藝術是由自然所指導，他已學會自然的律則。
他衷心希望透過展覽能和觀者進行心靈對話，力求開拓厚實
的文化生活。他也投入教學、開展活動，奮筆著詩，強調要
成為藝術家同時也能夠看到世界，並以自身為起點並思考大
環境。這富於理性和激情的論述，便已確立了自己的理想渴
求和崇高精神。

　　比如他最突出的結構方式和造型方式的大型軟雕塑「我
在這裡」的展出，以臺灣島嶼的輪廓，將正反兩面各結合苦
瓜與地瓜的外貌，這就構成了他藝術中單純強烈的訴求，其
意念是呈現出甘苦合體的土地精神。另一件大型裝置作品「你
是誰」，係以現代塑膠掃把與手編竹掃把，呈現對不同族群
與意識的意象表現。既不同於西方現代藝術觀念，也不同於
時空錯位的超現實主義的手法；而是在他生命的激情中，發
出對土地真誠的情感信息，賦予它藝術的永恆價值。作品能
「凝結著力」，有很強的震撼力與感染力，發人深思。他切
入當下臺灣族群分裂的文化情境，闡釋出雕塑藝術的新涵義
及期許，引起藝術界的好評及關注。

　　詩人張默觀賞其作品後，隨即寫下了〈詠楊柏林銅雕〉
一小詩：

> 他把鋼鐵的頭顱，掛在宇宙的私處
>
> 自己卻呼呼大睡
>
> 讓一撇撇喜歡流浪的意象
>
> 於黃昏的碎葉裡，獨酌，餘暉

　　我們可以隱約地感受到這股深沉的藝術力量自筆端流露
出來的讚歎。彷彿中，我們也撇見一個行者，走在黃昏的碎

葉裡，思索著「人與自然的關係」，正思考著作品想談的環境問題。他的胸懷已經向著熱愛的臺灣土地敞開，正力圖使作品中的意象語言、抽象語言和材料語言相映生輝。

二、楊柏林詩的藝術特徵

在 2010 年《創世紀》夏季刊號裡，除報導楊柏林雕塑的成就外，也收錄了他三首詩作。其中，我喜歡這首〈經緯之外〉的原因大體有三：一是能反映出柏林的藝術追求和人格精神；二是能讓人看到他的藝術繼續延伸的力道；三是能深刻地反映了他的環保思想及認真奮鬥的頑強意志：

　　當人類對宇宙的知識還站在渾沌的茅舍裡
　　世界的樣貌僅只提供平面的概念地圖
　　那時南北極的冰帽尚未隆起
　　文明寄生在一隻悄悄演化的蛹中

　　接著曙光從黑暗醒來，校正日出的方向
　　金字塔出現在東方的沙漠上
　　非常精準的面向天空最亮的星辰
　　地球才像一只蘋果般圓潤起來
　　而且開始在銀河中與人類共同呼吸著

　　至於在中世紀，宇宙僅僅是一隻瓢蟲燦爛的背影
　　也不知這麼小又這樣大的地球可以飛行
　　世界仍是人類未知掌心的湯圓
　　經緯度沒有讓我們感覺到生命莊嚴的座標

　　如果心是無重力的飛行器

　　宇宙或許只是一封簡訊的長度

　　因此座標應該在圓規之外

　　或許，在射陽崗的軌道運行

　　知識恐怕是一隻巨大的鯨魚

　　唯有環保才是最後的海洋

　　當智慧轉成發光的星體

　　愛就落實了四季的經緯

　　這首詩是作者配合自己一件大型公共藝術的文字說明，希望能提供觀賞者一個更博大的想像空間。全詩並未直接寫環保的嚴肅氣氛，而是在直接描繪人類的誕生與自然的奧妙聯繫後，對地球的一種省思。寫得俊逸、充滿驚奇；能表達出作者的慨嘆、巧妙機智及赤子之心，讀來很有滋味。第一段中，「文明寄生在一隻悄悄演化的蛹中」，不但意象的跳躍很突出，也證明了柏林駕馭語言的功力。接著，描繪對地球誕生深厚的愛，但是它卻只用一隻蘋果般的圓潤及曙光從黎明醒來兩個具體形象就概括地展現出來了。

　　德國詩人歌德〈1749-1832〉說：「在每一個藝術家身上都有一顆勇敢的種子。沒有它，就無法想像會有才能。」這勇敢的種子，也正是楊柏林開出藝術探索之花的原因。他把心說成「是無重力的飛行器」，可以自由遨遊；又說「至於在中世紀，宇宙僅僅是一隻瓢蟲燦爛的背影」，也是頗有創造性的意象展現。他潛入自己思想的深處，去找尋那些高尚

的靈魂。最後兩句，隱喻虛幻的東西是靠不住的，必須要用智慧、踏踏實實，去追求真實的人生。讓愛從心中來，生活的天地便會大大地拓寬。這裡也包含著作者的精神和意識，開拓、進取，追求地球永續生存價值的永恆。

三、結語：詩情與藝境的契合與交融

　　楊柏林以新詩及雕塑為我們打開了一個繽紛的藝術世界，這也是千百年來藝術家所追求的最高藝術境界。值得注意的是，楊柏林不是為藝術而藝術，而是以情注入其中。他也以概括性的詩句昭示出某種哲理的思考，這就增加了詩藝的力度及深度。〈經緯之外〉這首詩不僅充分表現了柏林崇高美好的內心世界和對自然的深愛不渝，而且也把詩情與藝境的結合上達到了融合為一的境地。也即是說，柏林在詩藝創作上，能由具體描述到抽象表達，從現實性描繪轉向建構一種永恆性的追求。這恰恰說明了，儘管柏林經歷了坎坷的童年，但閱歷增多了，思考也增強了。近來作品也轉向了對生命的莊嚴的深層思索，這首詩似乎是在自敘，也像是在啟示他人：要誠摯地對待大自然，愛的無私與真誠時，生命的莊嚴自然呈現。毫無疑問，這可謂作者用心靈創造出來的藝術佳品。

　　　　　　　　　　　　—— 2010.6.19 作

　　　　　　　　—— 刊登臺灣《創世紀》詩雜誌，
　　　　　　　第 166 期，2011‧03 春季號，頁
　　　　　　　177-180。

浪漫詩思與古典神韻的交融
—— 讀涂靜怡的詩

其人其詩

那是第一次參加詩會的上午，涂靜怡穿著一身素雅的布染服，親和靈活的身影，同桌吃飯時印象深刻，也初步認識到她安於恬淡的性格。愛好大自然的《秋水》詩刊主編涂靜怡在臺灣詩壇上佔有一席重要的地位，她多年來對編輯工作的認真精神，獲得極高的讚崇。涂靜怡雖苦學出身，卻深知苦而後能甘，所以勤奮努力而無倦色，並積極參與文學創作。奮鬥至今，她逐步成功地寫出一系列幾近成熟唯美的浪漫佳文。早期作品讓讀者宛如身臨一個詩意的花園、夢幻的境地；曾是第 15 屆中山文藝獎《詩歌類》得主。詩集《回眸處》及散文集《我心深處》等共十餘本；另有大陸版四種。今年初也出版《世界是一本大書》，這是作者遊歷後的感悟之作，讀來有如沐春風的感覺。

即使沒有鮮麗、濃烈的筆調，她的詩依然充滿了感情兼具文氣，也證明有一種感性審美的感覺範疇的存在；常毫不保留地將深情注入詩中，其實卻更蘊藏著對人性的關懷。可以這麼說，涂靜怡是從過去的詩藝作品著手，然後賦予一種美感的新意；她本身對於讀詩的感受力特別的敏銳，經常遨遊其

間。今年初春後，曾為視網膜眼疾開刀所苦，但終究以苦行僧的真誠、對詩歌的摯愛與堅持，用毅力渡過難關，風骨貫徹處，最足以令讀者動容。她大多親筆寫信給讀者，字字見真情，恰如其高潔之人品，是一種「貼心」的知覺享受，極富特色。

詩風淨潔　不諧流俗

　　涂靜怡個性溫婉，詩文敏捷，是最純情的詩人，也是位旅行家。她縱身臺灣詩壇，一步一腳印走來，一般人通常忽略她刻苦讀書、考取公職的歷程，殊不知那是成就她成功的酵素。她對每一首作品都是誠懇、用心的；要在細細咀嚼之下，才會展現其意義。多年來，除了走訪五大洲，對四十幾個國家的風土民情投以關懷外。她的樂土，既在她的心中，也在她的腳下。比如這首〈天池—「新疆行」系列之二〉詩中最後一段：「終日　妳依偎在層層峰巒的懷抱裡／撩人的雲房深處／有妳麗人楚楚的身影／妳是鑲嵌在天山下的一顆明珠／旅人心目中的／絕代佳人」詩裡散發著浪漫的詩心，又很敏銳的捕捉到靈思溶入創作，自然又隨性。

　　向來獨立勇毅的涂靜怡，看到了她就像看到了希望。然，今年春天，卻也難以擺脫命運的折磨。這首〈受傷的眼〉第一段裡道出了她開刀前有種無形無奈且期盼重見光明的心情：

　　　　傷口似無言的碎語
　　　　散落一地孤寂與無奈的獨白
　　　　彷彿　在控訴
　　　　染塵的視窗　是因為

　　疏於擦拭　疏於呵護

　　眼前瀰漫著層層出岫的煙霧
　　光影何在？
　　讀到這裡，儘管沒有那種呼天喚地的呼喊，或剪不斷理還亂的愁思，但卻有一種跟著沉重的難過情懷，這正是作者對生命成熟的領悟過程。那最富有生命力的詩，不只尋求對現實世界的闡釋，詩人的千情百感該如何擺脫孤獨的渴求，也是這首詩的嶄新內涵。
　　另一首〈山居日記〉：「總愛依著山中的暮色沉思／在書頁間尋尋覓覓／一行經典的詩句／／遠眺／春天的芳跡已杳如黃鶴／鉛一般沉甸甸的心事／像一塊無心脫落的拼圖／缺一個角／空等已久只是／不知何年何月／誰來修復」也誠實的記錄下詩人在新店山城病中的苦和留戀與繆斯為伴之情，內裡包含了作者自己的人生體驗，詩作是感人的，因為它彈奏出了詩人的心聲。
　　最後這首〈感悟〉，作者寫於今年六月間：
　　讓我雙手合十頂禮膜拜
　　我至愛的詩神
　　能夠從無助的深淵抽離
　　無意間　讓我
　　懂得什麼是安身立命
　　什麼是雲淡風輕

　　為此　我急欲蛻變自己

　　成為一隻無憂的翠鳥

　　時刻追隨詩的靈魂

　　一起高飛　從容

　　無懼

　　詩句多麼地超越，多麼地灑脫！也呈現了所謂「意在詩外」的意境。這裡顯示出作者病已好轉後的頓悟，從而獲得愉悅與靈魂的新生。

結　語

　　法國著名的文學家、博物學家布封〈1707-1788〉有句名言：「風格是屬於個人的。」這話跟中國文論中常說的「文如其人」是相似的。涂靜怡是有才華的，她的愛情詩有一種清純的美。值得感慰的是，從她寫的〈感悟〉中，可看出，她已脫離了眼疾的煩憂，作者對未來生活的理想和堅信，已真正達到了純淨的「悟」的境界。

　　上述對涂靜怡的詩作的淺釋，正反映了她內心深處對詩的熱愛與渴望，能展現一種生命的律動，更進一步昇華並詩化了。作者追求真善美的心靈，是可以讓人感受到的。我覺得她的生活閱歷已頗為豐富，晚期作品藝術風格也將迥異，開掘出另一階段動人的境界。這可能是她對繆斯的摯愛得到了應有的回報，與此同時，我們期待她向詩藝的殿堂繼續攀登，把讀者引入佳境。

—— 2010.8.4 作

—— 刊登美國《亞特蘭大新聞》

2011.3.25

略論莫渝的詩風

一、前　言

　　莫渝〈1948-〉，本名林良雅，苗栗竹南鎮人，淡江大學畢業，國小教師退休後，曾任靜宜大學、聯合大學兼任講師，2008 年受邀於臺北市立圖書館道藩分館駐館作家，現爲《笠》詩刊主編。獲第 16 屆「榮後臺灣詩人獎」等殊榮，編著數十冊。

　　莫渝在新詩集《革命軍》封面底自喻爲現實主義人文關懷的詩人，雖然創作初期即懷著直樸的心靈和存在主義思想，但主觀願望還是希望臺灣的天更湛藍更明亮。他用溫情爲詩文學的創作原動力，致力於新詩形式的探索，以期透過詩歌救贖人生。風格清新自然、能直抵生命本真而袒露出對鄉土的摯愛，繼而建構單純詩思的願景，幻想光明的夢。

　　詩是莫渝靈魂的吶喊，更是一種反向映射人生的武器。在淡淡憂鬱的詩國裡，他熱衷於哲人式的思考，能清楚地揭示其深沉的孤獨與絕望，把現實人生的殘破，透過自己的澎湃情感，希望把感動傳染給讀者；另一方面又掙脫不了批判性的情感底色，積極尋求超越現實、獲得救贖苦悶人生的方法。留學返臺後，莫渝曾嘗試引進法國翻譯詩體，激活了他

要言說內心仍有浪漫的創作衝動。莫渝的詩，其獨特處正在於他從人性真實的情感體驗出發，在一定程度上還保留著純淨的草根氣息，也正是詩人追求真善美意識萌動的一種體現。本文從莫渝的詩學追求及其詩藝特徵這角度試作探討。

二、隨筆中的政治智慧

在臺灣眾多關注底層的詩人中，莫渝是引人注目的一位。他一直默默地堅守崗位，以樸實的語言吟唱著社會民間生命的悲苦，表現出強烈的本土意識和深切的人文關懷。的確，愛臺灣，這三個字，是真的需要勇氣與真誠，來面對流言斐語。惟其如此，才能減少族群間磨擦、增加彼此和諧。比如《莫渝詩集》中的〈送愛到陌生地方〉最後兩段，我很贊同他的說法：

　　在自己腳踩的土地上

　　沒有人會自稱異鄉人

　　若有

　　我們也送愛給他

　　給他溫暖

　　讓他體會

　　愛是一場流血事件

　　所有失血的人

　　都需要輸血

　　為了和諧

　　請把我的血液用輸血管

輸送出去

　　詩人的詩美學主張「寫詩是批判惡質的社會現象，找回人類的良知」，在這裡也得到了具體實踐。從美學角度講，作者意在表現一種不斷祈求、訴說的愛國情緒，從中可看出詩人的苦心。最後昂揚的激情把詩人胸懷突然打開，震撼全篇。隨著政黨政治的變化萬千，臺灣如何維繫民主政治於不墜？我們應該進行恰當的思考，而不是生搬硬套的借鑒。此外，莫渝在詩中歌詠過勞苦的社會大眾，也批判過上層階級的奢靡給人民的苦難，還痛斥過高官製造的偽善。如〈高官與庶民〉就是富有哲思的小詩：

高官
厚著臉皮打恭作揖
佔據地球的一角隅
榮華富貴生活著

庶民
無可奈何委曲求全
躋身城市的一角隅
裝模作樣賴活著

　　看，詩人理解政治人物丕變的深度及痛感貧富差距問題的嚴重性，就表現在他所創造的形象的明確度上。其目的就在於形象地揭露出社會百態中腐朽的一面。如果是直數高官的罪惡，不但不會感動人心，反而招致反感。除了上面所說的透過形象思維創作的具有政治智慧的詩外，其實，莫渝對追求意象美和象徵美的詩也是很明顯的。

　　先看意象美。例如他在近作〈網戀〉中關於相思的描繪，
就給人一種朦朧清新的意象美：

　　　　守住小小方寸
　　　　方寸即乾坤
　　　　乾坤只你我
　　　　就等你來

　　　　呼喚你的名字
　　　　若你不來
　　　　再喚你的乳名

　　　　你遲遲不來
　　　　逐風
　　　　戲雨
　　　　織夢

　　　　如果風大
　　　　夢，跟著輕搖晃盪

　　　　雨啊
　　　　可別打亂我走過的腳跡

　　此詩語言流暢，節奏鮮明、形象感也強。這表面寫的是
相思之苦，但實際上卻都是在描繪愛情撲朔迷離的迷人形
象。詩中以呼喚伊人乳名的情切，比喻冀望愛情的到來。在
雨意中又派生出新的意象，更增添了美感力。

　　再看象徵美。莫渝也常以周遭大自然的景物象徵自己的瞬間感受和要吟詠的客體物。如《土地的戀歌》書中的〈煙囪樹〉，就是一首難得的佳作：

樹
一棵接
一棵
的倒下

煙囪
一支又
一支
的
豎起

親友們的
臉
一張比
一張
的
染污了

　　莫渝還講究詩的建築美。此詩通過形象化的描寫來敘事，語言上的排列及生動的比喻，極富質感。當今社會，一個詩人如果對人民的痛苦生活和環境污染的命運漠不關心，只關在象牙塔裡自我吟詠和陶醉，就不足以爲詩人。同樣，詩如不能向人民昭示出人生光明的前途，爲人民的幸福而爭

取生存的空間，也不會成爲偉大的詩人。慶幸的是，莫渝他不僅在理論上強調，而且在創作上也極力實踐。詩人對人民的悲憫之心，使讀者在思索中受到了啓示。

三、結　語

　　與莫渝相識有三年餘，因南北距離，天各一方，難以見面，但他在新詩創作上的探索步履一直是我所關注的。莫渝長期與詩文爲伍，近幾年來重要詩集《第一道曙光》、評論集《臺灣詩人群像》與《波光瀲灩 ── 20 世紀法國文學》等著作，都一再顯示了自己獨特的風格。不論是從沉潛的詩思到意象的疊現，從生命的吶喊到詩情的濃縮，都反映了他的詩格的演變歷程。他也是位積極的愛國詩人，不僅觀察時事敏銳，以生命的體驗和人生感情來構思詩；並且用詩的號角，勇敢吶喊的聲音，也給人留下了深刻的印象。爲此，他的詩十分重視口語化、通俗化。讀者不能不爲詩人對臺灣人民生活習俗的熟悉、熱愛而感動，也不能不嘆服詩人那多彩的詩筆下的才情了。

　　　　　　　　　　　　　　── 2010.9.17 作

　　　　　　　　── 刊登臺灣《笠》詩刊，夏季

眞樸的睿智
—— 狄金森詩歌研究述評

　　摘要：艾米莉‧狄金森既是美國十九世紀最富傳奇性、傑出的天才，又是最孤獨羞澀、深居簡出的女詩人。在她所創造的詩歌中，常可發現不爲人所理解的多層意義與智慧。本文從非馬博士翻譯其作品中，淺析她如何將純眞與經驗的意象並置或矛盾對立的統一與釋放所產生的雙重視野，成爲一個她所追逐的絕對純潔的文學表現。

　　關鍵字：艾米莉‧狄金森；非馬；詩歌；精神之美；自我救贖

一、其人其詩

　　一個多世紀以來，生於麻塞諸塞州的阿莫斯特（Amherst）且幾乎不曾離開故鄉生活的艾米莉‧狄金森〈Emily Dickinson〉〈1830-1886〉始終是美國文學史上偉大的女詩人。她擅寫短詩、情感細膩，意象深切；一生大部分的詩都在她死後才被發現，結集出版後才重現光芒。

　　狄金森求學時曾就讀於阿莫斯特學院，和一年時間讀聖尤奇山（Mount Holyoky）神學院。而她深鎖在盒子裏的詩篇，能展現純眞、聖潔、簡樸、有深刻思想的美德。她爲

世人留下了一千八百首詩，凝聚著深厚的情感和創造性
的智慧。在她 28 歲後七年，這段期間，可說是狄金森詩歌創
作生涯的巔峰時期。尤以 32 歲前後是創作的高峰，在此期間
她大量創作出反映死亡、永恆、自然與愛情等主題的詩歌，
能夠揭示詩人在經歷了心靈創傷、掙扎於精神崩潰邊緣之
際，如何以詩歌藝術逐漸實現心靈的「自我救贖」的過程。
她的秘密日記寫下了自己一生的生死愛恨，在她去世二十多
年後，才被一位整修她舊居的木匠發現，但因其私心作祟，
再度埋沒了近八十年才輾轉問世。

　　狄金森是個優雅、擁有高遠的理想、愛追求自由和夢想
但個性強烈的詩人。即便是年華已逝、深居簡出的她，也散
發著清純氣韻，性格易害羞，卻始終保持著少女的純真，但
對感情方面較為敏感。有很強的獨立精神和豐富的想像力，
在平凡的生活中，安於孤獨自由的和靈光乍現的機智，常會
使讀者驚歎不已。本文從旅美非馬博士的幾首譯詩〈註〉中，
嘗試探索狄金森詩歌的藝術表現；其天真和孤獨精神的靈
思，常可發現不為人所理解的多層意義與智慧。壓抑在內心
深處的「自卑情結」，在表現自我的層面上，也從而獲得了
對現實的超越和自我拯救。

二、狄金森詩歌的意象與內涵

　　詩美意識是形而上的藝術直覺，是以人的靈性去體驗到
的一種本原的、悠遠的意境之美；從而展現出詩人獨特的審
美理念和藝術開拓。如何凸顯審美觀是詩發展需要反思其深
度根源與現代含義的一項創新的視域。更為重要的是，必須

揭示出詩的意象及心理學解讀，才能昇華當代新詩的審美體驗，藉以反映出詩人的精神本性，探索其內心的情感世界。艾米莉·狄金森是個感覺經驗強烈而靈敏的詩人，儘管外界事物多變與永恆不變的理型相區別；然而，在狄金森的詩歌中，其心靈恆處於嚮往真理的狀態，因之，思想之船槳常能與心志相契合。接著來看她的這首〈懸宕〉，強調語言的精巧，也反映出作者對「生死」的世間法則，有種恢宏氣勢的感覺：

> 天堂遙遠得有如
> 到最臨近的房間，
> 要是那房裡有一位朋友在等待
>
> 何等的剛毅，
> 使靈魂經受得了
> 一隻來腳的重音，
> 一扇門的開啟！

在第一個詩節，作者質疑自己所處的困境，她想從人類的制度的束縛中解脫出來，在現實中，無疑是不可能的；但這種對神的反抗導致了心靈的痛苦。因此，她試圖將世間所有懸而未決的人事物都歸於平靜；但又不禁期許博得上帝的垂愛，得到寄望中的生存空間。接著，她發現生死的關鍵不在上帝，不在遙遠的夢土；而是淳樸的生活裡試煉的心志。有了這個認知，她不再畏懼死亡、或紛歧是非；並能心悅誠服地突破生命的鐵門，接受自己命定的一切。

接著，這一首柔美的〈以一朵花〉，注重整體的抒情而非細節的描述，以打造愛情的想像空間：

我躲在我的花裡，

你，把它當胸戴起，

不提防地，也戴著我 ——

天使們知道其餘。

我躲在我的花裡，

那朵，在你的花瓶裡褪色，

你，不提防地，摸索我

幾乎是一種落寞。

詩句滲透了狄金森自己個性的傾向，感情色彩與主觀的
想望，每一句都從心底湧出，且自然而然地融入了作者孤寂
的情緒。彷彿驟然顛覆時空在我們也曾回眸一瞥百合時，這
樣的美麗是隱而未現的脆弱、衝動、夢想、善變……其間的
滋味迴腸盪氣。狄金森如愛神丘比特般的童真，將思念的憧
憬巨細靡遺地描繪出來；讓愛情的糾結悵然面貌及落寞的底
蘊，呼之欲出，呈現出不一樣的生命姿態，也見識到作者嚮
往超凡脫俗的愛情的悲傷。

這首〈我是個無名小卒！你呢？……〉，成功地創造了
一個虛擬的世界，藉此表達她對世人追逐名利的想法和其不
同流俗的心胸：

我是個無名小卒！你呢？

你也是個無名小卒？

那我們可成了對 —— 別說出來！

你知道，他們會把我們放逐。

> 做一個名人多可怕！
> 眾目之下，像隻青蛙
> 整天哇哇高唱自己的名字
> 對著一個呃呃讚美的泥淖！

狄金森也是位常保赤子心的詩人，因真感情，才有真境界。在這裡，她成功地找出一個具體意象，鼓勵人盡可能地享受大自然的美好時光。所要闡述的，是在一片搶當名人的爭戰聲中，請讓出心靈的空間吧。而人們所爭求的到最後都是由單純變複雜，此詩則延伸了這一幅諷刺的縮圖：人類因好勝心而爭個死去活來，不過只增多旁人的譏笑罷了。如果不是狄金森的詩才超群，那麼她也不可能有感觸即興迸出，涉筆成趣了。

〈屋裡的忙亂……〉作者以一種敘事的語調，來表達生命的強度，冀望著愛是「永恆、無限、純一」，讓人重新感知這個世界：

> 屋裡的忙亂
> 在死亡過後的早晨
> 是這塵世上
> 最最莊嚴的勞動，——
>
> 把心掃起，
> 把愛收拾藏好
> 我們將不再用得著
> 直到永遠。

　　在宗教領域裡，狄金森保持著更多自由。她一直希望找到一條出路，從而自痛苦的樊籠中擺脫出來。在這裡，可明顯地感受到作者將生與死的莊嚴、與忙亂的家人的意象並陳；以探究愛情的深度與價值，進而說出內心深處的憂鬱，以彌補過去對宗教方面失落的態度，情味綿紗。暗喻生命終有結束的一天，因為我們知道它有盡頭，才會更積極把握現有的……曾經擁有是幸福的，否則，那一切的一切盡都惘然。當我們身臨其境，作者所能喚起的，就是在我們心中激發起連我們都不曾料想的情感或某段經歷的記憶。這樣，過去，現在，未來，幻想與時間的距離就串聯在一起了。

　　狄金森思想的深刻性不僅在於能一針見血地指出現實社會的弊病，而且還在於能在詩中把相互對立的情景組合在一起，出人意料地取得了某種特殊的意蘊。比如〈兩個泳者在甲板上搏鬥……〉就是首哲理的小詩，試圖解決人與人之間的敵對問題：

> 兩個泳者在甲板上搏鬥
> 直到朝陽東升，
> 當一個微笑著轉向陸地。
> 天哪，另一個！
>
> 路過的船隻看到一張臉
> 在水面漂蕩，
> 在死亡裡依然舉目乞求，
> 雙手哀懇地伸張。

　　無論這畫面是真是假，這裡作者的意識與外界的物象相交會，形成一種生命風貌的展現。它讓讀者感受親歷其境的一刻，既是作者個人對生之尊重所展現的風姿，也是讀者透過意象的圖騰所體悟的風貌。作者繼以擬人手法，描繪死亡的恐懼，既凸顯了不當的搏鬥所帶來的傷害後遺症，甚至使萬物之主也望之興歎。所以，清醒是很重要的。這種調侃式風格在她身上產生了創作的動力，是偏於幽默性的舒緩愉悅的審美風格，非常自然又意趣橫生。

　　接著，〈如果我能使一顆心免於破碎……〉這首詩在平凡之中鋪陳出不凡的喻意，浪漫的筆調，能喚起情感的亮度：

> 如果我能使一顆心免於破碎，
>
> 我便沒白活；
>
> 如果我能使一個生命少受點罪，
>
> 或緩和一點痛苦，
>
> 或幫助一隻昏迷的知更鳥
>
> 再度回到他的窩，
>
> 我便沒白活。

　　成年的狄金森羞於表現自己的幻想，並且也向其他人隱瞞自己的幻想。她常運用自己的奇異感去凝視這普通又多情的世界，賦予簡單的生活中醇厚的詩味。在這首詩裡，視覺已鋪墊了愛戀的氛圍，充分展現了詩作的自由性與聯想力。一方面，作者表達出她對愛情孤獨的悲嘆，一方面道出她所關心的是對人類的愛、自然的愛，鮮活地刻劃出作者心境的變化。再由知更鳥的「昏迷」與作者的呵護回「窩」串聯的意象，化靜為動，更添一種詩的興味。其詩心的靈巧，令人

咀嚼。

　　最後介紹這首〈有某種斜光⋯⋯〉，羅織出作者心靈圖象，意味深長：

　　　　有某種斜光，

　　　　在冬日午後，

　　　　壓迫，如教堂曲調般

　　　　沉重。

　　　　它給了我們天大的戕害；

　　　　我們找不到傷痕，

　　　　除了內部的差異

　　　　標示意義所在。

　　　　沒有東西能教給它什麼，

　　　　它是封緘，絕望，——

　　　　一個龐大的痛苦

　　　　由天而降。

　　　　當它來到，山水傾聽，

　　　　陰影屏息；

　　　　當它離去，就如死亡

　　　　凝視的距離。

　　詩中，作者所流露的孤獨與感傷有別於其他浪漫派詩人，她解釋愛情與失去間如何妥協，理出她對自然界特殊的敏覺與感性。詩人面對坎坷人生的智慧，讓我們瞭解到，希

望中的快樂是比實際享受快樂更有福的。此詩暗喻作者勇於孤寂的生活時心中的悲嘆，而人生到處是死亡、變化的意象，亦充滿著內心情感的寄盼。其實，愛情是一種等待的時間越長久，在記憶中的痕跡就越活躍和清晰的莫名思緒。當我們在她詩歌意象的聯想中流連時，就能喚起了我們的期待。

三、孤獨的精神：艾米莉‧狄金森

無疑，對一個詩人來說，憂鬱是很自然的。狄金森對藝術美學的感知，源自於求學期間的汲取及天賦的智能。當她用豐富的想像力喚醒自我靈魂的時候，在那裡精神也獲得了生命。誠然，生命是短促的，然而在她孤獨的靈魂裡頭，深藏著美好的精華，也有一顆勇敢的心靈。儘管當時外界批評之語有些混亂，她還是帶著一種清新、平和的心情醒過來了。她的智慧越是遮掩，越是明亮；其無言的純樸所煥發出的情感，是純真的，也是詩歌藝術最大的遺產之一。

事實上，狄金森對世間萬物的一切，從未棄擲，她創作時的思考重點已經轉移到新近獲得智慧的意識之流，正義與真理才是她高尚人格的真實標誌。當她在隱居中，仍保持最純潔的德性，以避開外界的誹謗之音。狄金森成功地讓感情屈服於創作上的支配並且發揮詩歌的自由表達。在她的潛意識中，她仍然被帶有自閉或自卑心結的色彩的批評眼光繫在她的身上。對此，一個感情的動機導致她寫下了這些日記，它使得那些詩歌的背景的意義清晰了。也唯有透過她遺留的秘密日記的進一步探討，或可瞭解她孤獨的精神的可能性變為確定性。但這並不是試著從她的微小弱點或個性的孤僻出

發，來解答她的精神生活中的問題。

　　狄金森童年時生長在優渥的家庭，既聰明又清純。她的父親爲名律師及議員，但將其興趣都投注到他的事業上，且偏愛於狄金森的哥哥奧斯汀。由於家庭因素，她在少女時代就必須照料生病的母親；長期的不安與父母兄妹間的關係變得敏感而疏離。因此，在她心靈投下了痛苦的陰影。加以 25 歲時，她暗戀著一位有婦之夫的牧師。雖未有結果，然而此痛苦經歷，招致周遭眾人對她的不解與誤會。在精神打擊下，遂而選擇遠離生活，遠離人群。她對外界的記憶變成深沉的遺忘，但她似乎也明白，當她被壓抑的情感復甦時，詩歌就在壓抑力量中誕生了。

　　以心理學論，人類在心理生活中，唯一有價值的是感情。因此，一首詩的力量如不具有喚起情感的特徵，那麼它就無任何意義了。狄金森生前在詩歌的舞臺上，並不是一個悲劇的英雄；其創作的目的，是爲了通過需要有精神痛苦的環境來認識精神痛苦，而企圖完成靈魂的自我救贖的。人生其實不複雜，也沒有任何規則；它只是一場追尋，凡事都有可能，沒有人會永遠完美的。狄金森在人格的一二缺陷，也無法掩蓋住她的全部優點。上天是公正的，在她逝世後，她唯一留給世人的一張照片，是端莊又素靜的容貌，隱藏在她詩一般的微笑下，她的詩歌的美卻隨著時間而變得更有價值。或許，正是這個不尋常的有獨特魅力的神秘步態，引起了詩界的興趣。我彷彿看到一個淡淡的影子、自覺地生活，消失在湖畔盡頭，而雕像捕捉的正是她沉碧如湖的眼睛，正靜靜地坐在那兒的姿態。以上似乎是筆者從非馬博士對狄金森翻譯的詩

歌資料中得出一個不夠充分、卻很大膽的結論。但我深信，
研究狄金森的意義會隨著我們繼續深入的研究而增加。

註：《讓盛宴開始 — 我喜愛的英文詩 Let the Feast Begin》，
　　英漢對照，非馬編譯,書林出版社，1999 年 6 月一版。

— 2010.10.12 作

— 中國華中師範大學主辦《世界
文學評論》，2011 年刊預稿

在筆花中解放自我
── 試析張騰蛟《筆花》及其散文創作

雲松的藝術形象

　　張騰蛟〈1930-〉，筆名魯蛟，山東省高密縣人，是集詩歌、散文於一身的當代文學家。個性耿直堅強，謙虛、守禮，也是知識與智慧的合體。其散文中獨特而不流俗的題材，飽含著生活的現實性、光明面與親切感。這既緣於他觀察和理解人生百態的角度，也與他清新澹雅的詩風密不可分。從他收錄在《筆花》中介紹舊日感思的文字，可以發現真樸而溫厚的鄉情、朝氣豐饒的郊野意趣、小市民的勤奮溫馨…種種至情感人的畫面，匯成他創作文學的生命體驗。這些因素凝結為魯蛟散文敘事的獨特風貌，即通過探索日常生活與人群的互動性，反覆展示自然與藝術融合的和諧面，最終以寫作的方式實現超越自我的靈魂。

筆花蒼勁雄渾　　遼闊深遠

　　《筆花》是魯蛟四十年來的第 14 部的散文經典之作，系列中，魯蛟不刻意彰顯書中顯性的愛鄉土的意識型態，著重審視了敘事文學中的意象及特定內蘊的表現。換句話說，他

想表達的不是散落的人間軼聞，而是描繪出自持的處世哲學。他的散文敘事常揭示出民間各種人物的文化背景，就是要感受和表達文人那種溯尋其創造力的感覺。

　　從文學敘事的角度來說，魯蛟以其無所不包和無時不在反襯出歷史與文化的複雜性和豐富性。比如〈漁者陳〉，全文充滿了節奏張力，其中精彩的一段：「勤勞的水上捕手，大海田畝的耕者，把大半生的心血都溶入了海洋。多少年來，苦是苦了一些，如今終於也網出了一串飽暖的日子，網出了一片不錯的歲月。」顯示出魯蛟的散文世界裡，也有同溫層。這是描繪漁夫禁得起長年日曬雨淋，益發彰顯出親情的細膩風情；其中，親情給予全文以深度和靈魂，擴大了我們的感覺層面。

　　另一篇「擺渡的老人」，內容有魯蛟悲憫世人的態度，也深深撼動人心。最後一段寫出：「一種在水波上蕩來蕩去的生活，看起來非常單調，可是，對於這個擺渡的老人來說，卻是豐富的，因為他用他的愛心與忠誠把每一個日子都充實得飽飽的。」此文暗喻芸芸眾生的生活儘管豐富多彩，但只有愛心的榮光散放才可能成為引人注意的流星。擺渡的老人默默貢獻一己之力的勤勉形象，已深植讀者心中。我認為，所有的人類只有被瞭解才會得到快樂。我從魯蛟的散文中，深刻地瞭解到：想有遼闊的一等一胸襟，就得多親近大自然。

　　散文是魯蛟知識與經驗的融合，也是寫實與想像的憑藉。而魯蛟的優美情操，也把讀者推向更為高遠的境界。再如〈釀綠的林野〉，文中對景色的描寫，涵蓋了魯蛟對於鄉村社會、人生的單純態度。摘錄其中一段：「……如果在所

有的草木們都忙著釀造翠綠的日子裡跑到原野上去靜靜諦聽的話，便可清楚的聽到芽葉兒生長的聲音，沙沙！沙沙！響個不停。」這裡說明了作者對這段景物描寫的真正目的，在於凸顯一種可能的生命圖景，文字中洋溢著一種身心放鬆的解放感，詩意盎然。有人認為，綠野使觀者沉醉，而芽葉使觀者意識到變化，這種景象恰似現實人生和文學敘事的關係。芽葉雖微小，但不屈不撓地期待自己更為茁壯的成長。這是他忠實記錄了大自然撫饗人心的感思，也是魯蛟平逸生活中的精神美質。

自然與藝術融合的文學典範

魯蛟的散文創作簡潔，精密、忠實不虛；偏重於抒情文方面，直接有效的表事達意，可讀性高，能喚起讀者的真實情感。其所依靠的是精神的富裕，寫作講求文本逼真感人，能反映出百態的人生真況。魯蛟既有擅長描寫民情，同樣有著抒寫生命本真的濃厚興趣。在他的散文描繪中，每個人物的行為都有其合理性的邏輯。這本《筆花》共收錄 41 篇作品，展示了一個沒有思維定勢的豐富的想像世界，也折射出許多大社會小人物的寫實面，從而為人生的各種面貌提供了想像的豐富土壤。因此，散文創作成為魯蛟文學和超越自我的基本資源，也印證了鄉村社會中真樸、溫馨、勤勞相互伴生這一事實。

散文是什麼？對魯蛟而言，他的散文裡深藏著詩的靈魂；但也需要貫注特定的價值觀念，使得所要建立的旨意有足夠的說服力和豐富的審美意味。他關注體現的是，故事本

身的真誠，他的情懷則需要追溯到肇始於年輕時的現代詩學啓蒙觀念。無論在何種構思下，他都詳盡的描寫出完整的圖景，儘可能要求自我做到細節清晰、過程完備，邏輯嚴密，真切感人。總之，魯蛟的散文作品對現代文學的一大貢獻就是突破了一味的抒情文本，不僅內容始終保持著多元性的張力，並爲 90 年代后的創作界提供了有價值的生活參照，而這也正是魯蛟的文學理想。因此，他的散文能夠被收錄於兩岸三地的多種國文課本中，也就不難理解了。

── 2010.10.14 作

── 刊登 2010.12 臺灣文建會贊助，《文訊》雜誌，第 302 期，2010.12

艋舺龍山寺石雕的意象美學
—— 讀《以石傳情》有感

摘要：黃淑貞[1]對石雕很有感情，也是當代對廟宇石雕美學的建築美學家。《以石傳情》內容豐富，以艋舺龍山寺為例，生動地反映了石雕意象的美學義涵，極具文化與歷史價值。

關鍵字：石雕；意象；艋舺龍山寺；藝術

一、石雕意象的文化內涵與美學觀點

石雕是指以石為材料雕制而成的中國傳統工藝品。作者親身感受到廟宇石雕的古樸之情，內心顯得充實而喜悅。她以文字和視覺語言細緻地觀察石雕意象的文化內涵，引發建築等學界對此題材所隱藏的美學底色進行探索和深思。

首先，什麼是美學？希臘語翻譯為 aisthetikos。簡言之，是「以藝術作為主要對象的一種感觀的感受」。它根源於人對現實的審美關係，經由創造，從而發展出對美或崇高的一種規律的科學。而美學意識是形而上的藝術直覺，是以人的靈性去體驗到的本原的、悠遠的美感經驗。

---

1 黃淑貞〈Shu-Cheng Huang〉〈1967-〉，臺灣師範大學文學博士，現任慈濟大學助理教授。

　　本論文以不偏離石雕特有的文化內涵和審美特點，而是提高愛好者和讀者的鑒賞水準爲重點。如何凸顯美學觀點是石雕藝術需要反思其深度與義涵的一項創新的視域，藉以反映出作者的精神本性，以期對其著作的研究有所裨益。

　　從文獻記載略悉，「艋舺」是臺北市萬華區的舊名，是日據前臺北市開發最早的地方。所謂「一府二鹿三艋舺」，說明著萬華地區昔日的風華，也代表早期開發與臺南、鹿港並駕齊驅，極具歷史的意義。寺廟是先民精神生活的寄託所在，石雕不僅具裝飾作用，且反應先民心理需求及象徵的歷史意義。

　　艋舺龍山寺系創建於清乾隆三年（西元 1738 年），迄今有二百七十二年歷史，於 1985 年被內政部定爲臺灣的二級古蹟，前後歷經嘉慶年大修、同治年小修、日據大正年間的大改修，以及臺灣光復後的數度修築。據文獻考究，於一九二○大修時，遠從中國惠安聘請了莊德發、蔣金輝等石匠師傅；至一九五五年又重修大殿時，由張木成、蔣按水、蔣銀牆等師傅負責龍柱。全寺總面積一千八百餘坪，坐北朝南，面呈「日」字形，爲傳統三進四合院宮殿式建築，融儒、釋、道三教於一堂。其中，以石雕藝術表現最爲凸出。殿內有銅鑄蟠龍簷柱一對，花鳥柱及牆垛等石雕，精工細緻。所採用的石材，主要有泉州白石、青鬥石、礱石及觀音山石的交互運用，石雕牆堵，紋理極雅致細膩。

　　正殿屋頂采歇山重簷式，四面走馬廊，共四十二根柱子構成。全寺屋頂螺旋藻井全斗拱築構而成，不用一釘一鐵，神龕雕工極爲精細。脊帶和飛簷由龍、鳳、麒麟等吉祥動物

造形，裝飾以彩色玻璃瓷片剪粘和色彩瑰麗的交趾陶。後殿
則以山牆分隔為三組屋頂，中間為歇山重簷式[2]，兩翼為單簷
硬山式[3]。作者就廟宇石雕看歷史小說中的英雄人物及其所表
達的意象與美學義涵，整體而言，廟宇是移民精神生活的重
心，它保存了許多的傳統文化及歷史典故，故事內容多取材
於《三國演義》、《封神榜》等民間故事，三川殿外牆堵上
有多幅書法家的拓印石刻，也是石雕技藝的寶庫。

　　《以石傳情》的論述是以「多、二、一〈0〉」結構的學
理，探索石雕意象所形成的各種紋理風情。作者認為，藝術

---

2 歇山重簷式屋頂結構圖〈如附圖 1〉，歇山式屋頂，四面斜坡的屋
　面上部轉折成垂直的三角形牆面。由一條正脊、四條垂脊、四條依
　脊組成，所以又稱九脊頂。

附圖 1　取自台灣古建築圖解事典　李乾朗著

3 單簷硬山式屋頂結構圖〈如附圖 2〉，其最大的特點就是其兩側山
　牆把檁頭全部包封住，由於其屋簷不出山牆，故名硬山。屋頂在山
　牆牆頭處與山牆齊平，沒有伸出部分，簡單樸素。

附圖 2　取自台灣古建築圖解事典　李乾朗著

是一個有機體，在內是「力」的迴旋，對外是一個獨立的「統一」形式；統合了「多」與「二」後，所形成的風格、韻味、氣象、境界等，屬於「一〈0〉」。它可形成「統一美」、「意境美」與「渾沌美」等各種美感效果。在研究中確有清晰的脈絡可尋，如同她投入石雕藝術所傳達的意象和樸素的建築學，皆可提升讀者藝術與文化融合的素養。

二、從偶發思維到石雕意象的聯想

　　廟宇石雕歷來被認爲是我們中華民族的國粹藝術，雖然有的歷經千餘年歲月，但從它們身上煥發出的光彩仍熠熠生輝。我們從這些凝固的生命裏不僅看到了我們偉大民族的歷史，更能深刻體悟到石雕藝術創作的真諦。

　　臺灣廟宇石雕藝術的表現方式，因受了傳統建築的空間觀念、禮制上的次序關係及視覺的感受力等因素影響，而有其特定的規制與原則。《以石傳情》主要探討石雕意象歷史的聯想性、象徵性以及建築美學的思維。

　　廟宇石雕是中國最具有象徵性的建築美學，也兼具裝飾性及潛移默化的教育功能。由書中，我觀察到艋舺龍山寺的具體象徵有三：〈一〉、除了是附近大多數居民的精神信仰中心外，其石材厚實的質感及師傅們精湛的雕工，刻劃出一幅幅浮雕的建築美，從而達到教化及敬畏的作用。〈二〉、龍山寺內石雕的草葉類圖紋，以靈芝最爲常見。據研究，靈芝具有延年益壽的功效，也是德仁的象徵。在這裏，意象的聯想也可表現廟宇石雕師從精神到自然的宇宙所有，都著眼於對觀者最細微的心靈角落刻劃到廣闊無垠的宇宙天際，他

們通過石雕藝術的博大的審美內涵和崇高的精神，為後人留下珍貴的歷史記錄。〈三〉、石雕藝術之最的「龍柱」，其審美認識和審美價值在於它是雕花柱的一種。龍柱的圖案雖因時代而有所不同，越是早期常見的龍柱造形，越是單純而很有力感；一如艋舺龍山寺的龍柱也刻有一條長龍盤繞再微刻一些雲彩和水波的花樣。

但咸豐之後，有許多廟宇龍柱身上，都增加了人物帶騎，或搭配吉獸、仙人之類做裝飾。然而，我以為，越是呈現繁複而華麗的雕工，反而失去樸素的建築感。值得慶幸的是，艋舺龍山寺對歷史故事的傳遞，有著極大的包容力與趣味性；對石材或圖案形體的使用與組合，也有很大的自由度，可以觸發觀者現代審美主體不同的情緒和聯想，油然而生不同的美感。

據我所知，過去臺灣的相關文獻，光在廟宇石雕圖案的撰述方面並未有突出的表現，特別是建築界忽略對歷史文化理論的文學研究更是事實。此書綜合作者的知識對廟宇石雕的有意識運用，改變和拓寬了讀者以往熟悉的建築藝術視角，不僅給臺灣建築學界及文界帶來了新的審美內容，而且對華人以後研究廟宇石雕的發展奠定了基礎。

從意識和審美的角度來看，體現為是一種精神的存在。作者是臺灣傑出的學者作家，她不迎合大眾審美趣味，反而敢於創新，挑選看是冷門的廟宇石雕為主題範圍，用心拍攝下許多詩意盎然的圖案，如花瓶上的八卦，劉備甘露寺赴約的故事、各種花卉、葫蘆、拂塵、香爐、文房器物等等的象徵記號，都賦予新的詮釋與生命。其孜孜不倦的精神，刻苦

有成。然而也就是這種個性成就了她獨特的風格，她在石雕藝術審美上的新追求，從作品的精神內涵到文字表現形式都超越了時代，也彰顯了她不同凡響的藝術審美品位。比如她敍述了一段：「龍山寺後殿壁堵上刻有『紅毛番騎象吹法螺』石雕，兩旁配以花瓶堵，雕工生動，表示有請洋人看守廟堂，以反映出中西接觸初期，民間對外不滿的心情，也寓有「吉祥有聲報平安」之意。」這樣的詮釋手法，對教學上，具有畫龍點睛的功效；而透過出版與論述，臺灣讀者得以追尋艋舺龍山寺的建築美學思維與文學蹤跡。

三、結語：觀《以石傳情》之感懷

　　綜上所述，黃淑貞的學術淵博，而其筆處思深意遠。文本無一贅言，嶄新耐讀。這些無不顯示其清雅素淨的本色。我粗粗一讀，《以石傳情》史料豐富，由參考文獻中，可以想見，她是翻閱了許多鮮為人知的古書、中外檔案的，論述也客觀直言。作者在臺師大意象學專家陳滿銘教授的指導下，用盡心血創作了新穎的意象學題材。全書分七章，經由文學、美學與哲學的詮釋角度，滲透著她對廟宇石雕的熱情和文化的思索。其中，不乏描繪石雕的讚頌，作者懷著純真的心靈和對艋舺龍山寺石雕探索的青春理想，與建築藝術進行精神和情感的交流，直接表露對廟宇石雕藝術的摯愛。

　　黃淑貞的文學道路正如她的人生道路一樣起伏，既有十餘年任教於國中經歷，又有峰迴路轉之勢。然而，多次獲得臺灣創新教學活動設計特優獎，與中學生一起努力於公共藝術等教學活動，正是她生命中最為快樂的時期。此後，她所

塑造的堅毅形象也一步步向光明靠近。博士畢業後，再度投身教職，投入最愛的文學研究，專研文章章法、中國語文教學、建築美學領域。在我眼底，淑貞是滿懷信心、有理想能堅持到底的人；有快樂、有煩憂，敏感又聰慧的性格。此書很榮幸地由臺灣"國立藝術教育館"評選中脫穎而出，贊助成書；而這似乎恰好說明了作者論文的優越性，在這個意義上，此書拓展了石雕的意境，也豐富了其表現力。

　　　　　　　　　　　　—— 2010.10.22 作

　　　　　　　　—— 刊登福建省《莆田學院學報》
第 17 卷第六期總第 71 期，（封三）
2010.12。

雨抹輕塵　清磬疏鐘
—— 觀臺北市大龍峒保安宮有感

摘要：大龍峒保安宮是臺北市定二級古蹟，也是重要的文化重鎮。本文以全新的建築美學闡釋來豐富主題的文化意蘊，是對保安宮百年風華具有時代意義的體驗。

關鍵字：大龍峒保安宮、二級古蹟、臺北市、文化重鎮、保生大帝

一、龍宮氣韻生動　鍾靈毓秀

十月二十六，風輕悄悄的，草綿軟軟的。與友人胡其德教授、何醫師從護國禪寺、孔廟，一路遊歷到保安宮；回想起來，歷歷在目。

廟外，混著香火味，還有遊人陣陣的笑語，都在微微潤濕的空氣裏醞釀。我的視界無由伸展，可以看到廟前石雕裝飾中的盤龍柱，神氣活現，扮演著守護建築物的象徵。還有一對古樸而精雅的石獅，特別表出。相傳這對石獅，一隻是仁獸，一隻是法獸，立在廟前，是在呼籲天下，重視法律，施行仁政。在這兒，給人一種神秘的、莊嚴雅靜的美質，一種原始的宗教情感竟油然而生。

返身入殿，從廊前四處看，心胸為之一闊。據聞，大龍

峒舊稱大浪泵，源於平埔族凱達格蘭族「大浪泵」社的閩南語譯音。昔日開發的先民以福建泉州的同安人居多，他們為驅除壓制當地居民所生瘴癘，特別由白礁慈濟宮乞靈分火醫神保生大帝來臺。保安宮肇建於 1742 年，距今 268 年。西元 1805 年重建，俗稱「大浪泵宮」或「大道公廟」，為道教的聖地。不只因為廟宇氣韻不凡，且因鍾靈毓秀，建築古色古香，係附近居民的信仰中心。保安宮興建工程十分艱鉅，其所用的石材、木材，連蓋廟的師父皆從大陸而來，前後施工 25 年才得以完成，獲內政部指定為二級古蹟。

　　傍走進去，清潔高敞。經過天井來到正殿，可看到主奉神明保生大帝神尊。保生大帝是福建省同安縣人吳姓名吳本，字華基，醫術極精湛，相傳大帝升天後，依然時常顯靈，為民除害、醫治百姓疾病。所以宋高宗在西元 1151 年為祂建廟，宋孝宗在西元 1171 年封為「大道真人」，因此保生大帝又稱「大道公」。另外，兩邊奉祀的是 36 官將神像，是西元 1829 年，聘請泉州名師許嚴來臺，前後費時 5 年才完成的雕作，神儀俊朗。同時，還可注意到牆壁上有七幅珍貴的彩繪，分別描述中國民間故事，實為難忘的意趣，予人舒展的、文雅的氣息。

①註生娘娘供奉於西護室，參見作家
廖武治〈臺北保安宮董事長〉網站
http://blog.udn.com/liaowujyh/3275204

我特別喜歡奉祀的註生娘娘①，色彩明麗，背景圖畫成功地再現了客觀的自然美。兩旁有十二婆姐，分掌 12 個月，主管婦女的懷孕、生產。後殿又稱神農殿，主祀農業醫藥業祖師神農大帝②。相傳在一百多年前，臺北好幾個月不下雨，所以住民就虔誠祈求神農賜雨。果然，沒經過多久，就下了一場大雨，所以住民就恭迎神農大帝到保安宮後殿奉祀。

大龍峒保安宮於大正十年重修後曾舉辦過「慶成醮」，除特別籌設了「癸未年三朝慶成建醮委員會」，進行慶成醮典

②大龍峒保安宮後殿主祀神明「神農大帝」聖誕踩
街。參見廖武治〈臺北保安宮董事長〉網站
http://blog.udn.com/liaowujyh/3138924

的籌備工作外，並將「慶成醮」與「保生文化祭」結合，定名爲「民俗藝術節」。於每年農曆 3 月 15 日，爲慶祝保生大帝聖誕，特別舉辦結合宗教祭祀、民俗技藝、古蹟導覽、藝文研習、美學競賽、家姓戲、繞境踩街、過火、健康關懷與學術研討會的「保生文化祭」等一系列活動；是目前北臺灣最盛大、最熱鬧，人氣也最旺的廟會活動。

二、建築景觀的義蘊與體悟

大龍峒保安宮雖不如安平古堡有顯赫的歷史，但也因未經那麼多戰禍，加以精工的整修，故能完整地保存了下來。在建築上，它是屬於富麗型的，其內部的裝飾趣味包涵一種獨特歷史背景的餘韻，遂而成爲遊客觀光的薈萃點。從外部空間結構看，視線由入口的兩只石獅開始，其間裝飾藝術，如龍柱、花鳥柱、剪黏、泥塑、交趾陶、木雕、彩繪壁畫等，形象逼真且輕鬆諧趣，予人以精神性及感官上的愉悅，亦有文化薰陶之效。各種縈迴盤繞的動物雕塑，除了飄逸的裝飾作用外，還具有另一層意義，例如：蝙蝠代表「福」氣、四隻蝙蝠有祈求「賜福」之意，鹿表示「祿」位、鶴代表「長壽」。這些浮雕、透雕、線雕、陰雕等等遠近馳名的石雕藝術瑰寶，每一件都具有歷史及藝術的價值，是保安宮不可多得的傑作，深受民間喜愛。

保安宮在日據時期的重修，曾延聘大稻埕第一木匠郭塔及陳應彬兩位匠師，以廟宇的中軸線劃分爲左右兩邊，各自發揮其建築技巧。當年陳應彬負責東邊的木雕，擅長於斗拱，尤以螭虎的造型最爲獨特，充蘊著純中國風的雄偉形象。而

負責西邊的郭塔特色是較為西式風格，建築雕痕造型優美，表現出渾圓的質感。據傳陳應彬獲勝後，郭塔無法認同，遂而在作品裡悄悄的留下了「真手藝無更改」、「好工手不補接」的話語來暗諷對手，留下一段百年佳話。

此外，保安宮正殿東側，兩屋簷間的水車閣設計上有幅郭塔的「八仙大鬧東海」的作品，然而陳應彬確認為不需要有多餘字在上頭，於是就成了今日我們只見西側「鬧東海」三個字，這些對應的彩繪畫面，十分奇趣。其間，剪黏、泥塑或交趾陶、木雕，都透露出畫匠強烈的主觀感受及深沉飽和的情思，它是一種美的形式，而這種良性競爭就是當時流行的對場作。因此欣賞保安宮的裝飾藝術時，亦可同時欣賞左右兩邊、不同匠師的作品。

接著，正殿迴廊牆壁上的 7 幅壁畫，給人的美感享受就更濃烈了。這是國寶級彩繪大師潘麗水的作品，它表達了忠孝節義等傳統美德的民間故事或神話傳說、歷史故事等文學典故，也能顯示出畫師的獨特藝術風格。主題分別為：「八仙大鬧東海」、「花木蘭代父從軍」、「朱仙鎮八槌大戰陸文龍」、「鍾馗迎妹回娘家」、「韓信胯下受辱」、「賢哉徐母」、「虎牢關三戰呂布」。其中，印象鮮明的是，黑面鍾馗身著藍衣柔軟自然、眼珠親和地與外甥互動；令一旁十分畏懼鍾馗的小鬼一臉狐疑的表情，形神逼肖，氣韻生動，讓此幅浪漫的想像，兼具靈巧與詼諧之趣的畫作，賦予彩繪壁畫一個嶄新的詮釋角度。而大戰陸文龍畫壁圖中的左右兩匹駿馬呼之欲出，讓觀者的每一縷生命纖維，都想跳躍；更加豐富了色彩的對照。轉彎後廊的花鳥柱似乎都在歌舞，每

一雕塑都有其脈搏與呼吸，正吸引著遊客們的吟笑，也組成了一幅幅有聲的畫。

目光越過了殿後，步子不得不放慢，漸漸端詳起四周的奇景。起初我當然不懂保安宮的時代意義，完全是從友人的口中聽熟的。保安宮內，我虔誠默站一會兒，也求得一上籤。秋日傍晚，偶飄細雨，信徒們祈福的背影漸漸含糊。廟中仍絡繹不絕，如雨入湖。嬝嬝上升的爐煙如霧、檜柏濃蔭，莊嚴的佛像，巍然端然。登上殿樓，眼前盡是紅瓦，掩映雲天之下，調節著我的鼻息。我開始變得舒適，宛若一個悠然朝拜的信士，期以達致一種平遠而放逸的華嚴真境。

大龍峒保安宮重建以來雖經過多次整修增建，但由於建造年代已久，更遭風吹、日曬、蟲噬，嚴重影響建築本體。為了維護文化資產，自西元 1995 年起，再度決定重建以來規模最大的修復工程，保安宮自力籌措全部經費，並自行統籌、監造，成為全國首宗民間籌資主導古蹟的案例；歷時 7 年後，花費高達 2 億 6000 萬元、動員 60 位工匠才大功告成。特別感慰的是，修復工程更於 2003 年獲得聯合國教科文組織「2003 年亞太文化資產保存獎」。這幅銅製獎牌也置於正殿牆面，因而豐富了保安宮古蹟的建築藝術，引人生發崇敬的審美心理。

這時瞧見，一些香客們圍著拍攝最美的姿勢。我臨走前依偎著石欄張望，只見暮色中開始降著柔軟溫暖的疏雨，樹葉子卻綠得發亮，紅瓦烘托出一片安靜與平和，這是一次難得的生活體悟。那天傍晚，當我裝滿行囊的視覺形象，已告結束。我回頭看了一眼西天，昏黑的雲邊，馬路上，撐起傘慢慢走著的人，那裏，一個古老寺廟的餘暉在揮手。

三、大龍峒保安宮是寶貴的文化遺產

　　回憶參訪過程中，一行三人進了廟會，偶然遇見廖武治董事長，為人德明，談吐之間，就顯露了他力求完美的風範。剛從日本考察回國的他，為親自督導即將製作完成的青銅鐘作業，及如何搬運入保安宮而費神的精神，令人感佩，更加添了旅遊的深刻味。事實上，近年來，保安宮本著得諸社會、回饋社會的理念，不時舉辦救濟、照顧低收入家庭、或受理民間急難救助，給予扶助；更在各大醫院成立醫療補助基金專戶，延聘醫師為民義診，或成立清寒獎助學金。為這個功利的社會，散放出一點一滴溫煦、愛心的光芒。

　　於今，大龍峒保安宮已從地方公廟，轉型為集宗教、文化、教育、藝術於一身的廟宇，對於地方文化的活化，產生一定的影響力。那創造出的動人空間及民俗故事，使四周環境彼此溝通聯繫起來，從而激發了這地理環境的生趣，也同時提供給遊人們理想的視覺環境。這不僅給當地居民帶來莫大的福祉，也加大了旅客們的共鳴和想像的餘地，進而分享到視覺以外的感知樂趣。

　　我深深感觸的是，世間堂皇轉眼凋零，喧騰是浮生。保安宮似乎足以成為一種淡泊而安定的意象表徵，它較之於顯赫對峙的大型寺院，保安宮比山林間的茂樹更有生命力及建築美。還保留和標榜著一種超塵的靜謐，讓生命熨貼在既清靜又舒展的角落。在我心中，它就是一種宗教性的人生哲學的生態意象。它足以反襯出一個清幽而不死寂的美的境界，它又穿插著一種合乎人性的光明的重建，而這動與靜的對立

的統一，正是如實地表現自己感動的過程。

　　在今夜，我打開了一扇透視靈魂的窗口。我似乎聽到了保安宮的敲鐘聲，輕輕的，隱隱的，卻聲聲入耳，灌注全身，如遊故地，踏訪著一個陳舊的夢境。我到過的保安宮，閉眼就能想見，一座座雕刻精緻的石雕，穿過簷前到樓庭，我寧靜地坐在那裏看著過往的香客。保安宮少了那種滄桑之慨，多了一點暢達開明。它保留下多少遺跡，也就有多少歷史的浩歎。然而，它的歷史路程和現實風貌都顯得平實而悠久，就像經緯著它們的盞盞紅燈籠的宮前。一點點黃暈的光，烘托出一片安靜而和平的夜。

　　我想起保安宮給人以親切感，還有別一原因。歸結來說，在於它是當地民俗、文化、信仰有機地配合在一起。再遠的都要到這裏來參觀，也不能忘情於這裏的寧靜；再苦寂的，只要觀瞻這裏的一角秀色，就會變成一種治療心靈的藥劑。其雕塑藝術深奧的理義可以幻化成一種知性的導覽方式，而背著行李來到保安宮朝拜的我，眼角時時關注著寺廟內外建築的藝術功力。我們三人沿路談著，走著。保安宮，是古風蘊藉、文氣沛然的。我想，短暫的旅程也像人的一生，在起始階段總是充滿著奇瑰和險峻，到了中年後的我，未來怎麼也得走向平緩和實。在這兒，那無數雙藝術巨手把我碎成輕塵……保安宮，像母親的手撫摸著我，晚風起了，它帶來些淡淡的檀香味。

—— 2010.10.30 作

—— 刊登臺灣省《大道季刊》第 62 期，每年四期，每期五萬份，2011.01，頁 10-13。

一株美與潔淨的月桂樹
— 古月的詩世界

其人其詩

　　古月本名胡玉衡，湖南衡山人；出版有《追隨太陽步伐的人》、《我愛》、《探月》及最近的《浮生》詩集、《月之祭》絹印新詩，《誘惑者》當代藝術家側寫散文集等著作。接到古月寄贈的精美詩集，細細閱讀後，令人喜愛。它雖未有社會重大議題的描寫，也無大喜大悲的激情抒發；但是，我看到這位極端崇尚自然之美的詩人以自我為中心出發，結合了其先生現代畫家李錫奇所提供的視覺藝術而重新賦予詩藝新的語彙，寫出她個人對自然、情愛的感覺。詩句清靈雋永、浪漫唯美，確實別具一格。正因如此，讓人在愉悅的閱讀中走入作者所拓展的幽靜雅美的獨特境界。作者曾說：「我不會談詩的理論或技巧，寫的是內心真實的感觸，以及做為人情感上的脆弱及無奈。」古月所要追求的是心靈上的高層次，而詩正好實踐了她的夢想及藝術主張。

寄情於自然的佳篇

　　古月的詩體現了對大自然的愛和對浮生的感慨之情，一

下子把讀者引入佳境。其實大自然的恬靜與幽美，也正是詩
人心靈的投影。古月說：「人之一生，情夢相隨，無論是喜、
怒、哀、樂、酸、甜、苦、辣，都是生活中的花開花落。」
也許，古月要把大自然的一草一木，一景一物，從囂嚷的凡
塵帶進詩意和愜意。如〈春之聲〉就給人這樣的感受：

　　冬眠後的一條河
　　含著夢的臆測　溶於
　　吹來的一陣風

　　風以縱容的手
　　輕啟那道記憶
　　以致流淌出一個春天

　　我是尋春的渡客
　　在不安的風向中
　　柳煙深處　聽不到燕語
　　幽徑　聞不到飛花的清鬱

　　春在哪裡　渡向何方
　　舟子停泊吧
　　且聽櫓聲收斂後
　　時光疲倦地擺動

　　這是多麼美好而淡遠的畫面，也恰好是詩人心境的投
射。可見，紛擾的世界，只會淹沒心靈空缺的俗人，豈能污
染詩人？此詩是大自然收藏了山水，也是詩人鍾情於大自

然，就體現了這種「收藏山水」的韻致。古月也是個高度的
感覺性詩人，除了龐大的山水之外，對月亮的探索與愛戀的
詩語表現，也常透露出虛虛實實的禪意，如〈月之影〉即是。
「我放牧我的眼／沿著你每一線光／爬行／／我開展我的心
／卻觸不到春的根／／常欲乘風　脫羽而去／惟懼塵心於
雲中蝕化／／今晚／僅有秋蟲知我／伴我撫弦長吟」關於月
亮，詩人把它視爲天地之眼，並將一顆心賦予它，化入月影
的柔和氣氛中，一個屬於永恆的靜謐的時辰，讀來頗有情趣。
她認爲秋蟲是知音，無論月的圓缺都是一種歸返，如同花開
花謝般的自然。

　　接著介紹這首〈悟然〉也有此特點，即便是寫愛情，也
體現了詩人的種種情愫：

　　　當我轉身
　　　就不再回頭
　　　這次離開你
　　　沒有扶持的路上
　　　寂寞向兩端延伸

　　　愛是一襲太薄的短衫
　　　若沒有它
　　　就像春花失去了容顏
　　　在蕭瑟的季節
　　　已凋零地忘了溫暖

　　　許多悲劇的重演

在於擁有的時候

未曾珍惜

只道在愛情中

覓得健忘的睡眠

將它視作一席軟床

而今　心已冷卻

你不再能迷惑我

昨日未能收斂的淚

已經枯竭

歷經的痛苦

一夕的悟然

是我夢中的一生

　　在一夕的悟然，是詩人夢中的一生，這是多麼富有詩意啊！也是詩人通感手法的巧妙運用。關於愛情，我以為，必須坦坦蕩蕩的、全力迎向前去，但並非盲目的妄動，一味的橫衝直撞。即使是百般的折磨，回憶也是一種甜美；沒有歷經的痛苦，那有剎那開悟的喜悅？因此，詩人堅信惟有愛情的力量是不可抗拒的，惟有至誠的心，是愛情不死的靈魂。

結　語

　　正由於詩人對大自然的這種不懈的追求，她終於和大自然融為一體了。如〈淡如菊—觀楚戈・鄭景娟藝術展抒感〉一詩最後一段：

當你低頭合什　靜坐如蓮

放緩腳步　心淡如菊

就會聽到深沉如井的聲音

那是人共同的困境

唯有悲憫如觀音的胸襟

以千手延伸的造化

環結小我成大愛

才能力挽狂瀾

把希望揉捏成綿綿的曙光

　　此詩在醞釀的層面上，詩人觸及更真實的自我內容，其豐富的心靈在觀賞中沉醉，心淡如菊，一切塵世的喧囂自然都遠去了。即使「生命有幾許的失意與零碎的浪漫」，也無所謂了。古月在這樣的環境中靜思、創作，已在和藝術的融合中獲得了寧靜。

　　《心境》是古月的新作，又創造了一個靜謐的境界：

一個淒冷的長夜

一盞將熄的孤燈

一杯淡香的苦茶

一顆敞開無語向天的心扉

冷澀的苦茶

含在嘴裡有回甘的滋味

一道關懷的眼神

回暖了遲暮的心境

　　這首詩是作者對生活的感悟寓於其中，她的詩笛裡飄出的聲音是滄桑的，滄桑得從她純真的眼眸中，只有用心，才聽得到那生命的主旋律。古月 40 多年來的努力，不容忽視造

型語言厚重，以及書裡李錫奇繪畫的力與美。她把愛的光芒
照射到詩神的意象之冕上，對古月而言，她不想創造「新奇」，
更不想談佛論事，只是單純地愛上詩，追求純粹的表現、忠
於描繪出自己的感覺，無形中竟也達到藝術「情景交融」的
境界。

—— 2010.12.5

—— 刊登美國《亞特蘭大新聞》2011.04.22

走向璀燦的遠景
── 曾淑賢以人性打造圖書館

　　從臺大博士、到輔大任教,到臺北市立圖書館、臺灣 "國家圖書館" 館長等,曾淑賢對自我人生的規劃,「一步一腳印」、克盡職守,逐漸實現。她溫厚敏捷、更有滌淨、豐富的心靈世界及環保建築意識;熱愛於提倡閱讀文化工作、除帶領圖書館多方發展外,也舉辦各類藝文活動,並積極擴展與國際圖書館的資訊交流面。如同 2010 年底就職典禮所述,未來她給圖書館願景亦訂有目標及期許;而我們由她過去的卓越表現,相信她以「人性化」為主軸的經營方向,必可走出深深的足跡,開出璀璨的花朵。

臺灣圖書館閱讀風氣的巡禮

　　臺灣的圖書館閱讀風氣,不是不變就好的問題,而是值得另一種思考向量。在 2002 年,臺灣出版業也許不受資訊化的影響,年產值達到過 430 億元的歷史高峰。但受網路崛起的影響,四年內竟下滑到 250 億元,這是影響到圖書館閱讀的風氣之一,也見證這一段曾經擁有又冷退人潮的歷史。現在的年輕人,大多會藉由網路取得知識性資料或滿足內心的需要,缺少書本的思想深度與翻閱時的感情。其實一本好書

能讓人百看不厭，除外在視覺及閱讀得境那種內心寧靜又沉浸其中的喜悅該是受重視的！然而，可嘆的是，據《遠見》2007 年閱讀調查顯示，有 1/4 的國人完全不看書、平均每個人每天花在閱讀上的時間只有 23 分鐘。姑且不論以上數據是否屬實，但反映出臺灣出版業經營的困頓及閱讀風氣衰退卻是不爭的事實。

　　基於此，曾淑賢不遺餘力帶領著北市圖同仁不斷向前邁進。同為，她體認到：「市民臉上幸福的表情，會讓人越做越有興趣。」，她為了挽救閱讀風氣，可說是動員了縣市政府、企業、民間社團等力量，試圖引導民眾重新走入閱讀的世界，舉辦的活動也創意出新。特別是，她曾為視障者籌備了「羅浮宮雕塑全接觸」為主題的展覽，讓他們及民眾利用觸感報體驗藝術，美的震撼力更為強烈，讓短暫的幸福變永恆，充滿著新世紀嶄新的概念，深具「人性化」意義。在各界的肯定下，她仍不斷地惕勵自己要創新且達至「藝術無界限」的弘願，誠摯而感人。記得市圖北投分館拆館重建時，曾淑賢當時也強調，北投分館以再生能源、基地綠化、生態工法等方式施工，對北市逐步邁向健康城市具指標意義。如今北投分館已成功地創造了老少咸宜的學習空間，而館藏以生態保育類為主的特色及書籍的豐富度也多顯現出她的用心。另一方面，曾淑賢也曾憂慮整體閱讀風氣的問題。她有感於「全球閱讀數量之冠是芬蘭，首都赫爾辛基每人每年借書十六冊，而臺北市民每人每年借二冊。」她認為，讓孩子從閱讀中了解世界，是自己內心的深度期許；在"市圖"十一年間，她曾以科學為主題，將九年一貫教育的科學概念設

計成「科學手札」，除了解說科學常識，也鼓勵學童動手作實驗。曾淑賢說，閱讀不侷限於文學、小說或漫畫，但這類的書籍卻是現在學童的閱讀主流，市圖希望學童多元閱讀，培養興趣，從中發現未來性向與興趣。綜上而知，她的思想淵博，是一種心靈優美的歷練，也進一步的在建立臺灣"國家圖書館"歷任交替的傳承內涵。

以人性化打造圖書館之和諧

　　誠然，一座現代優美的圖書館，如得了閱讀與查詢或借閱上的便利的有機統一，更會激發起民眾的求知慾。曾淑賢館長就職時表示，未來圖書館經營以「卓越化」、「專業化」、「數位化」、「國際化」、「多元化」和「人性化」為主軸；她對閱讀環境必須「以人為本」的服務需求為出發、打造和諧的學習環境及積極與國際接軌等關注議題已朝著一條清晰的脈絡進行。然而，為實現典藏與服務相結合，專業能力的服務及如何增加優秀志工、創造良好的助讀環境等理念與培訓或環境與空間的處理上，該如何更適時體現出人性化的空間規劃等等問題，無疑地，這位致力於圖書館研究與管理者，在努力不懈的精神背後，更把其表現在更廣泛的民眾願望連接起來，讓科技與人文能有機地融合起來。這一切不但反映了她個人的生命，也使得讀者感受得到美麗的願景將會實現；其表現的智慧與謙遜，給許多圖書館研究者頗大的啟發。

—— 2011.1.25

—— 刊登美國《亞特蘭大新聞》2011.1.28

讀王璞《作家錄影傳記
十年剪影》新書有感

　　六月十九午后，來自各界作家像是去赴一場知性之旅，到國際會議廳三樓，參加國家圖書館舉辦王璞「作家錄影傳記」影音資料捐贈儀式大會。館長顧敏於邀請卡上強調：「這是一項空前說不定也是絕後的創舉」。王璞十年來拍攝的各種樣貌，其甘苦點滴與各界的反應，正是國家圖書館有幸出版此書的重要意義。

　　關鍵字：影庫、傳記、口述歷史、文化

　　在顧館長精彩演說後，全場以熱列掌聲歡迎王璞。他的演說，表現出追求和諧社會和保存文化的願望。作為一個為文藝留影的實踐者，更多的是表露出對生活的智慧與理念的堅持。頓時，在我潮溼了的眼眶裡，流出了感動之淚。在溫馨的演說中，終能理解王璞錄影傳記的真正內涵，顯現其崇高的無私精神。這精神，一方面是作者面對文化的保存與彙整，另一方面又是他面對自我強烈的使命感，甚至與時間拔河；而貴賓司馬中原、管管、羅門、辛鬱、封德屏、邱秀芷等人也上臺肯定其貢獻。

　　從王璞的實際行動到被喻為「獨行俠」、「怪傑」的傳

奇再到媒體的頻頻追問，為何不為自己也拍一部自傳？他巧
妙的回答是，「這些自傳加起來，就是自己的自傳。」我們
不難看出，其謙遜與樸實，交織著忠實、誠實地呈現出關懷
文化的情感；而這本書，正突出了作者一生的感發、體悟和
傳承歷史文物的作用。

一、前　言

　　王璞，山東省鄒平縣人，1928 年生，政治作戰學校新聞
系畢業，上校退休。曾任總編輯、記者等職。著有長、短篇
小說、散文、新詩、翻譯小說；獲文復會主編獎等殊榮、也
曾受邀出國講學。七十歲起，以退休金獨立作業，堅持完成
「一人藝文影庫」工作；以錄影方式，真實的記錄作家們的
創作生涯，為國內外超過百名人士拍攝了「作家錄影傳記」，
與三百多場「藝文活動紀錄片」，也為臺灣文藝史保存了許
多重要的珍貴史料。

　　作者曾於聯合報上說：「全民錄影，保存文化！絕不是
口號，而是簡單易行。」他六十幾歲時，仍精神不懈地開始
學電腦，每天為保存文化資產的理想，廢寢忘食地工作。今
年 82 歲的王璞，雖然罹患輕度巴金森氏症及中風，仍是意志
堅定的。他認為，「口述歷史」也有可能造假，用錄影保存
文化是很好的方式；且主張「各行各業的重要活動，每個家
庭的歷史都能紀錄，就是保存文化的大行動。」

　　值得讚許的是，其老伴的默默支持，與王璞的淡泊名利
的個性，十分相投。名作家薇薇夫人就曾形容王璞為「了不
起」、「不可思議」的丈夫。他向來堅持，不要任何人捐款

或贊助；不僅如此，還將拍好片子，自己剪接，自己拷貝，一部送給對方，自己留存外，另外將累積的成果，也拷貝捐贈給＂國家圖書館＂等地收藏。不論是王璞貯存了一個令人感動的歷史影像，還是作家們的情真意切的共識，都是經過了作者艱苦驚險與磨難的過程，充分呈現的是以近代文藝史的縮影的主體創造性。總之，王璞觀念中的主體性傾向是十分鮮明的。他的志趣的生成方式關係著臺灣近代文藝史的變遷，體現為一種＂軍人本質＂真摯果敢的特色。

二、嚴謹中的寬厚風範

如果說，王璞的人生觀是一絲不苟的生活，是一點也不為過的。這是跟其長期任職編輯、主筆等創作的哲學體認與注重分析的思維模式有著密切的關聯。比如當年他主編《新文藝》月刊，那是國防部的一本也對外發行的軍中刊物，就堅持「認稿不認人」，校稿更是要求一字無誤；這點堅持，享譽文界。一生中獲獎無數，自編輯崗位退休，民國八十六年起，作者開始獨力作業，以不接受任何贊助為原則，拍攝作家錄影傳記。也曾趕赴紐約為夏志清、王鼎鈞、琦君、彭邦楨等名作家珍貴的生活或演講拍下紀錄片。

印象深刻的是，作者錄製林海音故居及其自傳；幫她拍下八十壽宴，作家齊聚一堂的熱鬧場面，令人倍感溫馨。其中，也有拍攝名家無名氏、蘇雪林等一生的悲歡喜樂，與好友們的侃侃而談的記憶，在作者胸中像河水般地湧動，透過鏡頭的放映，常讓作者感到清心的慰藉。有婚禮、華誕、年慶大會的紀錄；也有文藝研討會、開幕、音樂會、詩歌節、

書畫聯展等包羅萬象的活動紀錄片；更有各種文藝獎的頒獎、「口述歷史」發表會、名人專題演講等，都是當代重要的文化資產，是一部活實紀錄的文藝歷史縮版。

而來自各界老中青文友的支持與建言，更讓作者銘感於心。王璞始終表現出獨力張羅錄影作筆記的堅持與對生命的熱愛，把自己奉獻給社會、為文藝界付出一生的心血，默默耕耘，來去自如，不求回報且無怨無悔。他就是這樣一個難得的作家，一個活到老做到老的人。

三、結　語

這絕非只是一部觀賞性的作家傳記紀錄片，它是部近代文藝史、經濟史、社會變遷史，也是一部作家求生存的奮鬥史。王璞的動機很單純，他把這件拍攝錄影的責任，當是做善事，奉獻給臺灣文學，就這麼簡單。所以，他能拋開功利之心，專心一志，為其理想而努力以赴；有朋友勸他要成立基金會，為他募款，他仍不改初衷，繼續獨力聚精會神，終於完成這一鉅著，文藝界莫不紛紛豎起姆指。

從王璞編著的創作心路中，我們不難發現，他的身體力行，是對文藝史的繼承與發揮。從一定意義上說，這本書的文化內涵和意義已作出了深刻的揭示，也有一定的歷史價值。在首度放映於臺灣“國家圖書館”的那個瞬間，我的感知，聯想，想像作家的形象及輪廓變得愈來愈明確。它是豐富的、生動的，作品也天趣盎然。

記得愛因斯坦說：「想像力的力量比知識更加巨大。」我以為，真正有力量的是隱藏在心靈深處的潛意識。而此書

蘊含的重要性幾乎涵蓋了近代臺灣文學史的意義與文化性
質，使讀者體驗到作家創作的熱情與其生活的真實情境，而
從中獲得一種激勵向上的力量。王璞是捍衛文化的守護者，
也是文藝史的連繫點。其秉持的超人毅力，對文藝的深情大
愛，應是當代研究作家者的重要尺規；它強烈地激起了我由
衷的敬佩感情，而我也領悟到了無法言說的感動。

2009.6.19臺灣"國家圖書館"舉辦王璞「作家錄影傳記」影
音資料捐贈儀式，王璞於前座〈右七〉，顧敏館長穿著西裝
於〈右六〉。

作者林明理〈右三前〉於捐贈儀式會後與與會作家合影

—— 2009.10.6 作

—— 刊登臺灣《國家圖書館館訊》
第 122 期，2009.11，頁 7-9。

附錄：

兼備學術性和普及性的一部力作
—— 讀林明理《新詩的意象與內涵》

武漢中南財經政法大學臺港文學研究所所長
古遠清教授

近 30 年來，臺灣現代詩的研究尤其是賞析：從現代派到寫實主義，從外省詩人到省籍詩人，從前行代到新生代……用得著汗牛充棟四個字去形容。毫無疑問，這些詩作的賞析和評論獲得了空前豐收，以至有些詩人的詩作只有八斗，而得到的評論卻有一石。

這些林林種種的評論所構成的斑爛複雜的詩歌地圖，極易使人目迷五色，看不清前進方向。可喜的是，最近由文津出版社出版了林明理《新詩的意象與內涵 —— 當代詩家作品賞析》，在筆者看來為讀者在有限的時間內欣賞到眾多的優秀作品，真正起到了指點迷津的作用。

臺灣詩人大都會使"雙槍"：既寫詩又寫評論。來自南部的林明理，正是這樣一位評論家。她的評論雖然比她的詩作少一些，但她厚積薄發，在《新詩的意象與內涵》以及來不及收到書裏的篇什中，可看出她的詩藝修養。

　　詩人的評論和專業工作者的評論不同之處，在於不從概念出發，而是從詩作實際出發；不求翻箱倒櫃論證，只把自己從詩作中獲得的直覺印象完整地傳達出來，如林明理對《辛牧詩選》封面背後一首詩的分析，便帶有詩人氣質和抒情色彩，有助於幫助讀者從中尋找作者靈魂顫動的軌跡。這是一種直覺還原型的批評，其印象加即興的寫作方式，令人耳目一新。

　　不是專業批評家林明理，能自覺地將微觀分析與宏觀研究結合起來。長期以來，辛牧的詩作很少有人做過系統的分析，更缺乏從詩史意義上加以總結歸納，可林明理做到了，如她對研究辛牧三種意義的概括，使其研究彷彿插上了翅膀，飛到高空作鳥瞰狀，從而改變了過去對辛牧的評論成為創作附庸的局面。我猜想，辛牧讀了後一定會產生喜逢知音的愉悅，認為林明理對《旋轉木馬》、《約翰》等詩的分析，正像一把理解其創作奧秘的鑰匙，洞察了他的不少心靈細節。筆者去年由臺北文津出版社出版的《臺灣當代新詩史》，對辛牧的詩作沒有引起足夠的重視，希望以後能有機會彌補。

　　讀林明理評莫渝的文章，自有股詩香撲鼻而來。與當下拖著長長注釋尾巴的學院文章不同，作者對莫渝詩作的分析懇切生動，沒有掉書袋，沒有故作高深的文字。作者真的很認真進入本土詩人莫渝所締造的藝術世界，所評作品不多，但很有代表性，能看到莫渝整體創作風貌。尤其是評文開頭用“審悲”與“審美”去概括莫渝詩作兩個美學特徵，還用“苦難”與“甘美”去說明莫渝詩作的思想與藝術的魅力，可謂一語中的，堪稱知音的品評。

　　作為一部賞析集，《新詩的意象與內涵》彙集了臺灣當代詩壇上重要詩人的生平和代表作資料，實現了抽樣介紹臺灣新詩藝術成就的要求，那如行雲流水的文字讀起來賞心悅目，文字簡直像一泓清泉那樣惹人喜愛。許多著名詩人就好像作者胸中一個個耳熟能詳的故事，筆觸所到之處，讓讀者好像聽到著者在侃侃而談，從而得到美的享受。時下不少詩評文字，不是後現代就是後殖民，名詞術語一大堆，語言艱澀無味，而林明理的詩評，沒有掉書袋的毛病。她對詩作的詮釋，有的像啟人心智的隨筆，有的似搖曳多姿的小品，有的則像散文詩："初讀愚溪的詩，是人與自然交相輝映的協奏，真誠而獨特：無論是情意繚繞，或心懷松風，其清音回蕩四山，千巒起伏盡在足下；是莊嚴的靜穆，使讀者感覺深厚的內在力量、一種罕見的崇高的美。文字宛若一條寶石般湛藍的庫車河，委婉流暢、優美動人；有如雲棲竹徑，在幽邃清雅中充滿著濃郁的文學氣息，讓絕對的真與美在精神上的清白中，表達出自己的智慧結晶。全詩韻味深遠，可讓純潔的心靈認識世界，瞭解生活。"又如她這樣評非馬："非馬的詩，清澈明快，極輕盈、雋美，致力於追求一種高貴與詩意的情操，呈現出敏銳靈躍的感受力的特質。其實，非馬的靈躍，似大自然本身一樣單純。如果，在學與思之間測量一個自由度，那麼，非馬的藝術世界就影射著在他心靈的展望中翱翔天際的航線。"

　　標題的提煉也可看出作者的功力，如評方明稱其詩風如"雲山高風"，說張默的詩如"溪山清遠"。還有把周夢蝶的詩比作"江行初雪"，說薛柏谷的詩如"不凋的漂木"，

管管的詩如"小鳥般的樸真",稱大荒的詩爲"鷹的精
神",既準確生動,又亮麗耀眼。

　　豐富的選題,精美的內容,富有現代感的裝幀設計,使
得《新詩的意象與內涵》成爲一部厚重的精品。作者能詩能
畫,以非傳統的解讀配上精美雋雅的封面,可謂相得益彰。
可以說,封面畫起到了對《新詩的意象與內涵》揭示的補充
和延伸作用,能夠將當代詩家精品鮮活地介紹給廣大讀者,
從而使《新詩的意象與內涵》稱得上是一部兼備學術性和普
及性的力作。

—— 2010.03 作

—— 刊登臺灣文建會補助出版《文
訊》雜誌 296 期,2010.06,頁
128-129。

後　　記

　　本書大多是我去年從事詩歌藝術研究和書評的一個結集。出版時得到了山東大學文學院吳開晉教授、耿建華教授、吳鈞教授及臺灣文史哲出版社的支持，特此致謝；並感謝臺灣"國家圖書館"前任館長顧敏教授、現任"國家圖書館"館長曾淑賢博士、南京師範大學吳錦教授、何永康教授、安徽師範大學王世華教授、鹽城師範學院郭錫健教授、中南財經政法大學古遠清教授、西南大學呂進教授、廣西大學梁楊教授、重慶師範大學黃中模教授、中國文藝聯合會副主席胡振民先生、莆田學院彭文宇教授、臺灣臺師大陳滿銘教授、胡其德教授、文津出版邱鎮京教授、佛光大學范純武教授、前監察委員林孟貴女士、鍾鼎文老師、封德屏老師及張默、辛牧、愚溪、楊允達、吳英美、曾堃賢、鄭雅云、莫渝、鄭烔明、綠蒂、涂靜怡、林煥彰、楊濤、周慧珠、許月芳、王錫榮、李浩、李牧瀚、謝明洲、張映勤、陶然、曲近、秀珊、郁葱、劉大勇等各刊物主編或詩友的鼓勵，最後僅向彭正雄發行人爲本書所付出的辛勞致意。

2011 年 4 月 20 日　清晨